सदाबहार कहानियाँ

मोपासां

युवान
बुक्स

युवान
बुक्स

सदाबहार कहानियाँः मोपासां

ISBN : 978-93-92088-47-6

प्रथम संस्करणः जनवरी, 2023

प्रकाशक : अनबाउंड स्क्रिप्ट
2/41, अंसारी रोड
दरियागंज, दिल्ली–110002

वेबसाइट : www.unboundscript.com
ई–मेल : books@unboundscript.com
फोन : 011-35807601

मुद्रक : विकास कम्प्यूटर एंड प्रिंटर्स
लोनी, गाजियाबाद, उत्तर प्रदेश

मूल्य : ₹ 125/-

अनुक्रम

चाचा

एक गरीब सफेद दाढ़ीवाला बूढ़ा भीख माँग रहा था। मेरे मित्र जोसेफ दबराँचे ने उसे पाँच रुपए का एक नोट दिया। देखकर मैं चकित हो गया! जोसेफ ने कहा, "इस माँगते ने मुझे एक किस्सा याद दिला दियाय कहो तो तुम्हें सुनाऊँ! वह किस्सा मेरे चित्त में सदा घूमता रहता है। किस्सा यों है–

हम लोग हावरे शहर के रहनेवाले हैं। मेरा घराना धनी नहीं था, किन्तु किसी तरह निर्वाह हो जाता था, बस। पिता को गृहस्थी चलाने के लिए नौकरी करनी पड़ती थी। वे बहुत देर से दफ्तर से घर आते थे, और सामान्य वेतन पाते थे। मेरी दो बहनें और थीं।

माता को हम लोगों की तंग हालत के लिए बहुत कष्ट सहना पड़ता था, और वे अपने पति को सदा कोसती थीं, सदा तिरस्कार करती थीं। ऐसे अवसरों पर मेरे दुखी पिता का चेहरा ऐसा बन जाता था, कि उनके लिए मुझे भी दुख होता था। वे एक शब्द भी न बोलते, अपने माथे पर हाथ फेरते रहते, मानो काल्पनिक पसीने की बूंदें पोंछ रहे हों। मैं उनकी इस बेबसी के क्लेश का अनुभव करता था। हम लोग सब तरह से खर्च में कमी करतेय किसी के घर दावत खाने नहीं जाते थे, जिससे फिर उसे दावत न देनी पड़े। किफायती

कीमतों में सड़ी–गली रसद खरीदते थे। मेरी बहनें अपने कपड़े खुद बना लेती थीं, और दो–तीन आने गज के गोटे के भाव पर घंटों बहस करती थीं। हम लोग साधारणतया रोटी और गोश्त खाते। यह सही है कि यह भोजन स्वास्थ्यकर तथा बलवर्द्धक था, पर नित्य एक ही चीज खाते–खाते आखिर तबीयत ऊब ही जाती है। मैं जब कभी बटन खो देता, या पायजामा फाड़ लेता, तो कड़ा तिरस्कार सुनना पड़ता था।

पर हर रविवार को हम लोग अच्छी तरह सज–धज कर समुद्र के किनारे पर टहलने के लिए अवश्य जाते थे। मेरे पिता कोट और ऊँची टोपी पहने, त्योहार के दिन सजे हुए जहाज की तरह, अपने पूरे लिबास में, टहलने जाने के लिए तैयार होते थे। मेरी बहनें, जो पहले ही से कपड़े पहनकर तैयार रहतीं, चलने के इशारे की प्रतीक्षा करतीं। पर घर से निकलने के समय ही हम लोग पिता के कोट पर कोई अलक्षित धब्बा देख पाते, और हम लोगों को रुक जाना पड़ता। पिता कोट उतार कर टोपी और कमीज पहने प्रतीक्षा करते, और उधर माता चश्मा लगा कर हड़बड़ी मचाती हुई 'बेनजाइन' अर्क में एक कपड़े के टुकड़े को डुबो–डुबो कर कोट का वह धब्बा साफ करने लगतीं।

हम लोग कायदे से चलते थे। मेरी बहनें आगे–आगे एक–दूसरे का हाथ पकड़कर चलती थीं। उनकी शादी की उम्र हो चुकी थी, और हम लोग उन्हें शहर के चारों तरफ दिखाते फिरते थे। मैं माता की बाईं तरफ और पिता उनकी दाहिनी तरफ रहते। और मुझे याद है, उन रविवारों को टहलने के समय मेरे माँ–बाप कैसे आडम्बरी दीखते थे। उनके चेहरे में जाने कितनी शान रहती थी। वे गम्भीर भाव से पीठ सीधी किए, रोब के साथ चलते थे। मानो कोई बड़ा भारी जरूरी काम उनके रंग–ढंग पर ही निर्भर हो।

और प्रति रविवार को, दूर विदेश से लौटते हुए बड़े–बड़े जहाजों को देखकर, मेरे पिता कह उठते, 'अगर जुलियस इसी जहाज पर आता हो!'

चाचा जुलियस, मेरे पिता के भाई, किसी समय हमारे वंश के कलंक समझे जाते। पर अब वे हमारे खानदान की एकमात्र आशा, भरोसा थे। उनके विषय में मैं इतना सुन चुका था कि मुझे लगता था कि पहली दृष्टि में ही मैं उनको पहचान जाऊँगा। उनके अमेरिका चले जाने तक का हाल मैं ब्यौरेवार जानता था, यद्यपि उनके उस समय तक के जीवन की चर्चा दबी जबान में ही होती थी। वे बिगड़े हुए थे, आवारा थे, यानी उन्होंने धन उड़ा दिया था। गरीब घराने में यह सबसे बड़ा अपराध है। धनियों के घर में अगर कोई रुपए बहा कर मजा करता है, तो लोगों की राय में वह केवल अपना ही सत्यानाश करता है, पर गरीबों के घर में अगर कोई युवक बाप–दादा का संचित धन उड़ाता है, तो

नालायक, दुर्जन और निकम्मा समझा जाता है।

यद्यपि बात एक ही है, पर यह ठीक है, क्योंकि परिणाम ही काम के भारीपन का फैसला करता है।

संक्षेप में चाचा जुलियस ने अपने हिस्से की पाई–पाई बर्बाद करके मेरे पिता का हिस्सा भी नहीं के बराबर कर दिया था, और अन्त में वे एक माल–जहाज पर न्यूयार्क चले गए थे।

वहाँ पहुँचकर जुलियस चाचा ने एक दुकान खोली, और घर को चिट्ठी भेजी कि वे अब कुछ रुपए कमाने लगे हैं, और उम्मीद करते हैं कि जल्दी ही उनकी हालत ऐसी हो जाएगी कि वे मेरे पिता को जो नुकसान पहुँचाया है, वह सब भर सकेंगे। उस चिट्ठी ने हमारे घर में हलचल मचा दी। निकम्मा, आवारा जुलियस अब सहसा लायक हो गया। परमात्मा ने अब उसे अच्छी बुद्धि दी है। दबराँचे खानदान में कभी कोई बेईमान नहीं हुआ। वह भी कैसे हो सकता था! फिर कुछ दिनों के बाद एक जहाज के कप्तान ने बतलाया कि उनकी दुकान खूब बढ़ी है–माल भरा पड़ा है और अच्छी चल रही है।

दूसरी चिट्ठी दो साल के बाद आई। उसमें लिखा था–"प्रिय भाई फिलिप, मेरे स्वास्थ्य के बारे में चिन्ता न करो, मेरी तबीयत ठीक रहती है। धन्धा भी अच्छा चल रहा है। मैं कल दक्खिनी अमेरिका की लम्बी यात्रा कर रहा हूँ। शायद सालों तक तुम्हें कोई खबर नहीं भेज सकूँगा। अगर मैं तुम्हें पत्र न लिखूँ तो कोई चिन्ता न करना। मैं तब तक हावरे शहर में न लौटूंगा, जब तक मैं धनवान न हो जाऊँ। मुझे आशा है कि इसमें देर नहीं हैय और हम सब सुखपूर्वक एक साथ रहेंगे।"

यह चिट्ठी खानदान की खुश–खबरी हो गई। वे इसे सब अवसरों पर पढ़ते और सबको दिखाते।

दस साल से जुलियस चाचा की कोई खबर नहीं मिली थी, पर जितने ही दिन बीतते जाते, मेरे पिता की आशा और दृढ़ होती जाती, और मेरी माता भी प्रायः कहती, "जब हमारा प्रिय देवर लौट आएगाय हम लोगों की हालत बदल जाएगी। उसने अब तक किसी तरह अपना जीवन सफल बनाया होगा।"

और प्रति रविवार को जब पिता बड़े और काले रंग के जहाजों को धुएँ का वृत्ताकार उद्गार करते हुए आते देखते, तो वही पुराना वाक्य दोहराते–"अगर जुलियस इसी जहाज पर आता हो!"

और हम लोग करीबन यही इन्तजार करते रहते कि अब उन्हें रूमाल नचाते देखेंगे और चिल्लाते सुनेंगे, "अरे फिलिप!"

उनके लौटने पर हम लोग क्या–क्या करेंगे, यह सोच रखा था, तय कर रखा

था। हम लोग चाचा के रुपए से एक मकान खरीदने को ही थे और मकान देखकर पसन्द कर रखा था। वह शहर के बाहर खुली जगह पर बाग से घिरा हुआ एक छोटा–सा बँगला था! मैं बिलकुल निश्चित नहीं कह सकता कि मेरे पिता ने उस समय मकान मालिक से खरीदने की बातचीत चलाई थी या नहीं। बड़ी बहन की उम्र उस समय अट्ठाईस साल की थी, और दूसरी की छब्बीस। उन्हें पति ही नहीं मिल रहे थे, और यह हम सबके लिए बड़ी चिन्ता की बात हो गई थी।

अन्त में एक विवाहार्थी दूसरी बहन के लिए आए। वे एक क्लर्क थे। उनकी आर्थिक हालत वैसी अच्छी नहीं थी, पर उनकी नौकरी अच्छी थी। एक शाम को उन्हें जुलियस चाचा की चिट्ठी दिखाई गई। मुझे जहाँ तक ख्याल है कि उस चिट्ठी ने ही उनकी दुविधा हटाई, और उन्हें निर्णय कर लेने को मजबूर कर दिया!

उनका प्रस्ताव बड़े आग्रह के साथ स्वीकृत हुआ, और यह तय हुआ कि विवाह के बाद पूरा परिवार 'जर्सी' टापू में सैर करने के लिए चलेगा।

एक गरीब के लिए 'जर्सी' टापू का भ्रमण आदर्श है। वह दूर नहीं है। तुम एक जहाज गर समुद्र पार करो, और एक परदेशी भूमि में आ जाओगे। सिर्फ दो घंटे का सफर है। कम खर्च में काफी भ्रमण का आनन्द मिल सकता है।

'जर्सी' की यात्रा ने हम लोगों में आनन्द की बाढ़ ला दी। हम लोग अधीरता के साथ जाने के दिन की प्रतीक्षा करते रहे।

अन्त में हम लोग चले। मुझे सब याद है, जैसे यह सब कल की ही बातें हैं। जहाज छूटने के लिए तैयार था। मेरे पिता पबरा कर हग लोगों के तीनों बंडल जहाज पर रखे गए हैं या नहीं, यह देख रहे थे। मेरी माता घबराई हुई–सी मेरी अविवाहित बहन के साथ खड़ी थीं। बेचारी बड़ी बहन दूसरी के चले जाने पर खोई हुई–सी हो गई थी, और हमारे पीछे दूल्हा और दुलहिन प्रेमालाप कर रहे थे। वे लोग बार–बार मुझे सिर घुमा कर अपनी ओर देखने के लिए मजबूर कर रहे थे।

जहाज ने सीटी दी। सब लोग जहाज पर आ गए थे। जहाज घाट छोड़कर, हरे पत्थर के टेबिल–सा चौरस समुद्र पर रवाना हो गया। आनन्द तथा सुख के आवेश में हम लोग खड़े–खड़े पीछे हटते हुए तट की ओर देखते रहे।

मेरे पिता अपना वही पुराना कोट पहन कर खड़े थे, जिसके सब धब्बे उसी दिन सबेरे साफ किए गए थे, और उनके चारों तरफ 'बेनजाइन' की गन्ध मँडरा रही थी, जो हम लोगों को त्योहार के दिन और रविवारों की याद दिलाती थी। मेरे पिता की दृष्टि सहसा दो सुसज्जित स्त्रियों पर पड़ी, जिन्हें दो सज्जन

पकाई हुई घोंघा मछलियाँ पेश कर रहे थे। एक बूढ़ा गन्दा खलासी छुरी से खोल काट–काट कर उन सज्जनों को दे रहा था, और वे फिर उन स्त्रियों को दे रहे थे। सुन्दर रूमाल पर खोल को रखकर, अपने होंठों को बढ़ा कर, जिससे कपड़े खराब न हों, वे बड़े मनोहर ढंग से खा रही थीं, और मुँह को ऊपर करके उसका रस पीकर समुद्र में खोल को फेंक रही थीं।

मेरे पिता को चलते जहाज पर घोंघा खाने की सुन्दरता ने आकर्षित कर लिया। वे इसे सभ्यता और शिष्टाचार समझे और माता और बहनों के पास जाकर उन्होंने पूछा, "कुछ घोंघा मछलियाँ खाओगी?"

माता ने खर्च के ख्याल से आगा–पीछा किया, पर मेरी बहनें फौरन तैयार हो गई। माता कुछ दिक्र होने के भाव से बोली, "मैं नहीं खाऊँगी। बच्चे दो–एक खा सकते हैं, पर ज्यादा नहीं, नहीं तो तुम उनकी तबीयत खराब करोगे!"

फिर मेरी ओर देखती हुई वे बोली, "जोसेफ नहीं खाएगा। बालकों को भरपूर खिलाना ठीक नहीं।"

यह अन्तर का अन्याय सोच कर मैं माता के पास बैठा रहा। मेरी आँखों ने पिता का अनुसरण किया। वे दामाद और कन्याओं को तकल्लुफ से, चिथड़ा पहने हुए बूढ़े खलासी की ओर ले जा रहे थे। वे दोनों महिलाएँ अब उठकर चली गई थीं, और मेरे पिता बहनों को बतला रहे थे कि कैसे रस से कपड़े खराब न करके घोंघा निगल जाना चाहिए। फिर वे एक घोंघा उठा कर उसे खाकर, उनको तालीम देने को भी तैयार हो गए।

उन्होंने उन महिलाओं का अनुकरण किया था, पर उसी क्षण सब रस उनके कोट पर छलक पड़ा, और मैंने माता को गिड़गिड़ाते सुना, "वह चुप क्यों नहीं रह सकते!"

पर पिता सहसा बहुत घबराए हुए से दीख पड़े, मछलीवाले को घेरकर खड़े हुए अपने परिवार की ओर एकटक देखते हुए वे कई कदम पीछे हट गए और एकाएक हम लोगों के पास चले आए। वे बहुत पीले दीख रहे थे, और उनकी आँखें अजीब–सी हो गई थीं। उन्होंने फिसफिसा कर माता से कहा, "बड़ा आश्चर्य है, वह मछली वाला बिलकुल जुलियस की शक्ल का दीख रहा है!"

मेरी माता ने चकित होकर पछा, "कौन जुलियस?"

पिताजी ने कहा, "अरे, मेरा भाई! अगर मैं नहीं जानता होता कि वह अमेरिका में काम कर रहा है, तो मैं यकीन करता कि यह वही है।"

माता ने हकलाकर कहा, "तुम्हारा दिमाग खराब हो गया है। जब तुम जानते ही हो कि यह वह नहीं है, तब क्यों ऐसी बेवकूफी की बातें कर रहे हो?"

"जाओ क्लेरीसा, तुम अपनी आँखों से देख आओ! तुम अपनी आँखों से देखकर

निश्चय तो कर लो, नहीं तो मुझे चैन नहीं मिलेगा।"

माता उठी और अपनी कन्याओं के पास गई। मैंने भी उस आदमी की ओर देखा। वह एक गन्दा, झुर्रीदार चेहरे वाला बूढ़ा था। वह अपने काम से आँखें नहीं उठा रहा था।

माता लौट आई। मैंने देखा, वे काँप रही थीं। जल्दी–जल्दी बोली, "मेरे ख्याल में यह जुलियस ही है। जहाज के कप्तान के पास जाकर पता लगाओ। पर खैरियत चाहते हो, तो होशियारी से काम करना। अब कहीं भिखमंगे को साथ लेकर उतरना न पड़े!"

पिता चले। मैं भी उनके साथ–साथ चला। मेरे हृदय में एक विचित्र करुणा भर आई।

कप्तान–एक लम्बा, दुबला, सफेद मूंछों वाला बूढ़ा–पुल के पास चहलकदमी कर रहा था। वह चारों तरफ ऐसी रोबीली नजर डाल रहा था, मानो वह हिन्दुस्तान के डाक–जहाज का कप्तान हो।

मेरे पिता उससे कायदे से मिले और उसकी सराहना करते हए, समद्री–जीवन के बारे में उससे पूछा।

'जर्सी' टापू कैसी जगह है? वहाँ की जनसंख्या कितनी है? वहाँ क्या–क्या चीजें पैदा होती हैं? वहाँ के लोगों का धन्धा क्या है, किस तरह जीवन काटते हैं? जमीन कैसी है? आदि–आदि।

पिता ने शायद अमेरिका के बारे में कोई बात ही नहीं की।

फिर वे, हम लोग जिस जहाज पर थे, उसी जहाज के विषय में बातें करते रहेय फिर खलासियों के बारे में। अन्त में मेरे पिता ने लहराते स्वर में पूछा, "आपके जहाज में घोंघा मछली बेचनेवाला एक अजीब बूढ़ा है। क्या आप उसके बारे में कुछ जानते हैं?"

अब वह कप्तान इस बातचीत से ऊबने लगा था। उसने संक्षेप में कहा–"वह एक फ्रेंच घुमक्कड़ है। पारसाल अमेरिका में उससे भेंट हुई थी, और मैं उसे स्वदेश लौटा लाया था। हावरा शहर में उसके रिश्तेदार हैं, पर वह उनके पास जाना नहीं चाहता, क्योंकि वह उनका कर्जदार है। उसका नाम है जुलियस...जुलियस दरमाँचे या दरबाँचे, ऐसा ही कुछ है। मैंने सुना है, वह किसी समय वहाँ एक धनी आदमी था, पर अब उसकी हालत कैसी है, यह तो आप देख ही रहे हैं!"

पिता का चेहरा प्रति क्षण पीला पड़ता जा रहा था, गले की नसों को कस कर घबराई हुई दृष्टि से देखते हुए उन्होंने हकला कर कहा, "अच्छा...अच्छा...मुझे कुछ भी आश्चर्य नहीं हो रहा है...धन्यवाद, कप्तान साहब!"

यह कहकर वे आगे बढ़ गए। कप्तान चकित होकर उनके विचित्र हाव–भाव

देखता रहा।
वे बहुत विचलित होकर माता के पास लौट आए। माँ बोली, "बैठ जाओ, तुम्हारा भाव देखकर लोग क्या सोचेंगे?"
कुर्सी पर धम्म से बैठकर उन्होंने कहा, "हाँ, वह जुलियस ही है। इसमें कोई शक ही नहीं।" फिर उन्होंने माता से पूछा, "अब हम लोगों को क्या करना चाहिए?"
माता ने फौरन जवाब दिया, "बच्चों को हटा लेना चाहिए। जोसेफ तो सब जान गया है। वही जाकर उन लोगों को ले आवे। हम लोगों को बहुत होशियार हो जाना चाहिए, जिससे दामाद को कोई शक न हो।"
निराशा तथा दुख से पिता शिथिल हो गए। उन्होंने एक ठंडी साँस लेकर अस्फुट स्वर में कहा, "कैसी आफत आ गई!"
झट उनकी ओर घूम कर माता ने क्रोध से कहा, "मुझे हमेशा शक रहा कि उस बेईमान बदमाश से कोई भलाई नहीं होगी और आखिर में आकर हम लोगों की छाती पर बैठकर चैन से गुजर करेगा। तुम आशा लगाए बैठे रहे कि भाई आकर राजगद्दी पर बैठाएगा! हुँ... जैसे किसी 'दबराँचे' पर कभी आसरा लगाया जा सकता है...."
सदा की तरह, मेरे पिता अपने माथे पर हाथ फेरते हुए चुपचाप पत्नी का तिरस्कार सुनते रहे।
वे फिर बोलीं, "जोसेफ को कुछ पैसे दो, वह जाकर मछली की कीमत दे आवे। अगर वह गुदड़िया हम लोगों को पहचान ले, तो सब चौपट ही समझो! जहाज पर एक अच्छी खासी खलबली मचेगी। चलो, हम लोग एक किनारे होकर चलें, होशियार रहना, वह हम लोगों के पास न आए!"
वह उठ पड़ीं। मुझे पाँच रुपए का नोट देकर वे दोनों चले गए।
मेरी बहनें चकित होकर पिता के लिए प्रतीक्षा कर रही थीं। मैंने कहा कि माता के सिर में चक्कर आ रहा है।
"आपको कितना देना है, जनाब!"–मैंने मछली वाले से पूछा। मैं उन्हें, 'चाचा' कहना चाहता था। उन्होंने कहा, "एक रुपया आठ आने।" मैंने उनको पाँच का नोट दिया, और उन्होंने बाकी दाम लौटा दिए।
मैंने उनके हाथों की तरफ देखा–एक गरीब खलासी की तरह सूखे, गिरहदार थे। उनका सिकुड़ा, दुखी, करुणा तथा निराशापूर्ण चेहरा देखते हुए मैंने मन. –ही–मन कहा, "यही मेरा चाचा है! मेरे बाप का सगा भाई है, मेरा चाचा है!"
मैंने उनको आठ आने इनाम दिए। उन्होंने मुझको धन्यवाद देकर "परमात्मा आपका भला करे!" इस ढंग से कहा, जैसे भिखमंगा भीख पाने पर कहता है।

मुझे लगा, वे जरूर वहाँ भीख माँगते रहे होंगे।
बहनें मेरी उदारता देखकर चकित होकर मेरे मुंह की ओर देखती रहीं।
जब मैंने तीन रुपए पिता को वापस दिए, तो माता चकित होकर बोलीं, "क्या दो रुपए दाम दिए? यह नामुमकिन है।"
मैंने कहा, "मैंने उनको आठ आने इनाम दिए हैं।"
माता चौंककर मेरी ओर पूरी दृष्टि से देखती हुई बोली, "तूने अपनी अक्ल खो दी है। जरा सोचो, तो उस चोर को आठ आने दे आया...!"
वह और भी कहने जा रही थीं, पर पिता की आँखों के इशारे से चुप हो गई। वह इतनी उत्तेजित हो गई थी, कि यह भी ध्यान नहीं रहा कि दामाद पास खड़ा है।
फिर सब कोई चुप रहे।
हम लोगों के सामने, अन्तरिक्ष पर एक हल्के नीले रंग की छाया, मानो सागर के गर्भ से उठ रही थी। यह 'जर्सी' टापू था।
अब हम लोग घाट के पास पहुँचने लगे, तो मुझे तीव्र इच्छा होने लगी कि एक बार जुलियस चाचा से मिलूं, उनके पास जाऊँ और उनसे सान्त्वना-भरी, स्नेहपूर्ण कुछ बातें करूँ। पर और कोई घोंघा मछली का खरीदार न रहने के कारण वे अदृश्य हो गए थे, नीचे चले गए थे, शायद किसी गन्दे कोने में, जहाँ वे बेचारे रहते थे।
और हम लोग, उनसे भेंट न हो, इस डर से एक दूसरे जहाज पर घर लौट आए। मेरी माता घबराहट से पागल-सी हो गई थीं। इसके बाद मैंने चाचा को कभी नहीं देखा!...
इसीलिए तुम कभी-कभी देखते हो कि मैं भिखमंगों को पाँच का नोट देता हूँ।

हार

लैंटिन जब अपने ब्यूरो सहायक प्रमुख के घर आयोजित पार्टी में था, उसकी मुलाकात एक युवा लड़की से हुई। उसे उस लड़की से बेशुमार प्यार हो गया। वह कई वर्ष पहले दिवंगत हो चुके प्रांतीय टैक्स कलेक्टर की बेटी थी। पिता की मृत्यु के बाद वह और उसकी माँ रहने को पेरिस आ गईं। उसकी माँ ने अपने पड़ोस के परिवारों से जान–पहचान बढ़ाई। उसे आशा थी कि इस तरह वह अपनी बेटी के लिए जीवनसाथी खोज सकेगी।

उनकी आय साधारण थी। वे इज्जतदार, सुशील और शांतिप्रिय थीं। युवा लड़की पूर्णतः भली थी। किसी भी समझदार युवक का यह स्वप्न हो सकता है कि वह अपनी खुशियों के लिए अपना जीवन उसके हाथों सौंप दे। उसके सरल सौंदर्य में सम्मोहित करनेवाली दिव्यता थी। उसके होंठों पर निरंतर खेलनेवाली उसकी अबूझ मुस्कान उसके सुंदर और पवित्र मन की पहचान थी। हर ओर उसकी प्रशंसा ही सुनाई देती थी। लोग कहते हुए नहीं थकते थेकृ'वह व्यक्ति कितना खुशनसीब होगा, जो उसका प्यार पा सकेगा! उसे उससे बेहतर पत्नी मिल ही नहीं सकती।'

लैंटिन तब इंटीरियर विभाग में चीफ क्लर्क था और उसे साढ़े तीन हजार फ्रैंक का सामान्य वेतन मिलता था। इससे वह वैवाहिक जीवन की जिम्मेदारी उठा सकता था। उसने इस अनुपम युवा लड़की के समक्ष विवाह का प्रस्ताव रखा तो उसकी ओर से यह मान लिया गया।

वह उसके साथ इतना खुश था, जिसका बयान नहीं किया जा सकता। उस लड़की ने गृहस्थी और इसके खर्च को बखूबी सँभाला और उनका जीवन सुखपूर्वक व्यतीत होने लगा। उसने अपने पति की छोटी–से–छोटी जरूरत का अच्छे से ध्यान रखा, उसे खुश रखा और प्यार किया। वह इतनी मोहक थी कि विवाह के छह वर्ष बाद लैंटिन को लगा कि वह अपनी पत्नी को अपने हनीमून के दिनों से भी अधिक प्यार करने लगा है।

लैंटिन को केवल उसकी दो बातें ठीक नहीं लगीं– एक तो उसका थिएटर प्रेम और दूसरा नकली गहनों के प्रति उसका आकर्षण। उसकी सहेलियाँ (कुछ छोटे अधिकारियों की पत्नियाँ) बहुधा नए नाटकों की प्रथम प्रस्तुतियों के समय थिएटर में उसके लिए सीट आरक्षित करा देतीं और उसके पति को भी उसके साथ जाने के लिए बाध्य होना पड़ता, चाहे वह ऐसे मनोरंजक कार्यक्रमों में जाना चाहे या नहीं। ये कार्यक्रम दिनभर के ऑफिस के बाद उसे बहुत ही उबाऊ लगते। कुछ समय बाद लैंटिन ने अपनी पत्नी से अनुरोध किया कि वह थिएटर जाने के लिए अपने पहचान की किसी महिला से विनती करे कि वह उसके साथ जाए और वापस घर आने तक उसका साथ दे। आरंभ में उसने इस उपाय का विरोध किया, किंतु काफी अनुनय–विनय के बाद वह अपने पति की खुशी के लिए ऐसा करने को राजी हो गई।

थिएटर के प्रति अपने प्रेम के साथ–साथ अब गहनों के प्रति भी उसकी इच्छा उमड़ पड़ी। उसकी वेशभूषा तो पहले की ही तरह अच्छी, सादगीपूर्ण और शालीन थी, किंतु अब उसने अपने कानों में स्फटिक युक्त बड़ी बालियाँ पहनना शुरू कर दिया, जिनकी चमक ऐसी थी, मानो वे असली हीरे की हों। अपने गले में उसने नकली मोतियों का हार और हाथों में नकली सोने के कंगन पहने। उसकी कंघी में काँच के रत्न जडे हुए थे।

उसका पति उसे प्रायः उलाहना देता, "डियर, यदि तुम असली गहने नहीं खरीद सकती हो तो तुम्हें केवल अपने सौंदर्य और शालीनता के गहनों से सजा होना चाहिए–ये एक स्त्री के नायाब गहने हैं।"

किंतु मधुर मुस्कान लिये वह कहती, "मैं क्या करूँ, मुझे गहनों का बड़ा शौक है। केवल यही मेरी कमजोरी है। हम अपना स्वभाव तो नहीं बदल सकते।"

वह अपनी उँगलियों में मोती का हार लेकर इस तरह घुमाती कि उसमें लगे

मणि चमचमाने लगते। वह अपने पति को मनाने के अंदाज में कहती, "देखो! क्या यह सुंदर नहीं है? कोई भी यकीन करेगा कि यह असली है!" लैंटिन फिर मुसकराते हुए जवाब देता, "डियर, तुम्हारी पसंद दुनिया से अलग है।"

कभी–कभी शाम को वे जब आग के पास बैठकर निजी वार्तालाप कर रहे होते, तब वह टी–टेबल पर मोरक्को लेदर बॉक्स रख देती और लैंटिन कह उठता, इसमें 'कूड़ा' है। किंतु वह नकली गहनों को ऐसा ध्यान लगाकर देखती, मानो वे उसे कोई गहन अबूझ खुशी प्रदान कर रहे हों। प्रायः वह अपने पति को एक नेकलेस पहनने पर मजबूर करती और दिल खोलकर हँसते हुए कहती, 'बड़े अजीब लग रहे हैं आप!' फिर वह अपने पति की बाँहों में समा जाती और उसे प्यार से चूम लेती।

सर्दियों की एक शाम वह नाट्य–संगीत का कार्यक्रम देखने गई और ठंड में ठिठुरते हुए घर लौटी। अगली सुबह उसे जोरों की खाँसी हो गई। फेफड़ों के संक्रमण के कारण आठ दिनों बाद उसका देहांत हो गया।

इस घटना से लैंटिन बुरी तरह टूट गया और उसके बाल एक माह में ही सफेद हो गए। उसका दिल टूट चुका था। दिवंगत पत्नी का आकर्षण, उसकी आवाज, उसकी मुस्कान वह भुला न पाता और उसका रुदन चलता रहा।

समय व्यतीत हुआ, पर उसका दुःख कम न हुआ। ऑफिस में प्रायः कामकाज के दौरान जब उसके सहयोगी किसी प्रमुख विषय पर विमर्श कर रहे होते, अचानक ही उसकी आँखें डबडबा जातीं और उसकी सिसकियाँ उसे दुःख से राहत प्रदान करतीं। उसकी दिवंगत पत्नी के कमरे की सभी चीजें उसी तरह पड़ी रहीं, जिस तरह वे उसके जीवित होने के समय थीं। उसके सभी फर्नीचर, यहाँ तक कि उसके कपड़े भी उसी तरह पड़े रहे, जैसे वे उसकी मृत्यु के दिन पड़े थे। समाज से दूर एकांत में रहना और अपने जीवन की उस अमूल्य खुशी के बारे में सोचना ही उसका एकमात्र काम रह गया था।

शीघ्र ही उसका जीवन एक संघर्ष हो गया। उसकी आमदनी, जिससे उसकी पत्नी घर के सभी खर्च पूरे कर लेती थी, अब उससे उसकी तत्काल जरूरतें भी पूरी नहीं हो पा रही थीं। उसे आश्चर्य हुआ कि उसकी पत्नी उस आमदनी में कैसे बढिया शराब और एक–से–एक व्यंजन की व्यवस्था कर लेती थी, जो अब वह अपनी नियमित आय से नहीं कर पा रहा है।

उसने अब उधार लेना शुरू कर दिया और जल्द ही कंगाल हो गया। एक सुबह उसने पाया कि उसकी जेब में एक सेंट भी नहीं बचा है, तब उसने कोई सामान बेचने का निश्चय किया। तुरंत ही उसे अपनी पत्नी के चमकीले जवाहरात बेचने

का विचार आया, वैसे भी नकली जेवरों के प्रति उसके मन में एक प्रकार का विद्वेष था। इन गहनों को देखने मात्र से ही उसके मस्तिष्क में दिवंगत पत्नी की स्मृति मलिन होने लगती।

अपने जीवन के अंतिम दिनों में उसने लगातार खरीदारी की थी और लगभग हर शाम वह नए जेवर लेकर ही लौटती। लैंटिन ने एक समय तक तो उन गहनों की ओर ध्यान नहीं दिया, किंतु अब उसने उस भारी नेकलेस को बेचने की सोची, जो उसकी पत्नी को बहुत पसंद था और जिससे लगभग छह या सात फ्रैंक मिल सकते थे। इस नेकलेस की कारीगरी बहुत सुंदर थी, पर था तो यह नकली।

उसने इस नेकलेस को जेब में रख लिया और किसी भरोसेमंद जौहरी की दुकान का पता लगाने निकल पड़ा। थोड़ी ही दूरी पर उसे एक दुकान मिली, जहाँ वह इसे बेचने के लिए घुसा। वह अपनी तंगहाली पर शर्मिंदगी भी महसूस कर रहा था। उसने दुकानदार से कहा, "सर, मैं यह जानना चाहता हूँ कि यह नेकलेस कितने मूल्य का है?"

दुकानदार ने नेकलेस की जाँच की, अपने क्लर्क को बुलाया और दबे स्वर में उससे कुछ बात की, इसके बाद उसने गहने को काउंटर पर रखकर उसका प्रभाव जानने के लिए उसे जरा दूर से देखा।

लैंटिन को ये हरकतें पसंद नहीं आईं और वह बस यह कहने ही वाला था कि 'ठीक है, मुझे यह पता है, यह बेकार है', उतने में ही जौहरी ने कहा, "सर, इस नेकलेस की कीमत तो बारह से पंद्रह हजार फ्रैंक होगीय पर मैं इसे तब तक नहीं खरीद सकता, जब तक आप मुझे यह न बता दें कि यह आया कहाँ से?"

लैंटिन की आँखें फटी रह गईं! वह इधर–उधर देखने लगा। उसे कुछ समझ में नहीं आया। लड़खड़ाती जुबान में उसने कहा, "तुम्हें यकीन है कि तुम क्या कह रहे हो?" जौहरी ने रूखे स्वर में कहा, "आप इसकी कीमत का कहीं और पता लगा सकते हैंय मुझे नहीं लगता कि इससे ज्यादा कीमत कोई दे पाएगा। अधिक–से–अधिक मैं पंद्रह हजार फ्रैंक के लिए इस पर विचार कर सकता हूँ। यदि कोई दूसरा इससे अधिक न दे पाए तो आप मेरे पास दुबारा आ सकते हैं।"

आश्चर्यचकित लैंटिन ने नेकलेस उठाया और स्टोर के बाहर निकल आया। वह इस पर सोच–विचार करने के लिए कुछ समय लेना चाहता था। बाहर निकलने के बाद उसे हँसी आ रही थी। उसने मन–ही–मन कहा, 'मूर्ख है! मूर्ख है वह! क्या उसकी बात विश्वास करने लायक थी! उस जौहरी को तो असली और नकली हीरे का भेद ही नहीं पता।'

कुछ मिनटों के बाद वह 'रू द ला पे' (एक शॉपिंग स्ट्रीट) में एक दूसरी सुनार

की दुकान में गया। दुकान का मालिक उस नेकलेस को देखते ही जोर से बोल उठा, "ओह, इसे तो मैं अच्छी तरह जानता हूँ – यह यहीं से खरीदा गया था।" परेशान लैंटिन ने प्रश्न किया "क्या कीमत होगी इसकी?"

"जी, मैंने इसे बीस हजार फ्रैंक में बेचा था। मैं इसे अठारह हजार फ्रैंक में वापस ले सकता हूँ किंतु इसके लिए कानूनन आपको मुझे यह बताना होगा कि यह आपके पास कहाँ से आया?"

लैंटिन हक्का–बक्का रह गया। उसने कहा, "किंतु...किंतु इसकी अच्छी तरह से जाँच कर लें। अभी तक मैं यह समझता था कि यह नकली है।" जौहरी ने पूछा, "अच्छा, आपका नाम क्या है?"

"लैंटिन, मैं 'मिनिस्टर ऑफ दि इंटीरियर' में काम करता हूँ। मैं '१६ रूडमार्टर्स' में रहता हूँ।"

दुकानदार ने अपनी लेखा–पुस्तक की जाँच की और जानकारी दी–"यह नेकलेस २० जुलाई, १८७६ को '१६ रूडमार्टर्स' के पते पर मैडम लैंटिन को भेजा गया था।"

दोनों एक–दूसरे को घूरकर देखने लगे। लैंटिन आश्चर्य से अवाक् था। जौहरी को लगा कि वह कोई चोर है, पर उसने चुप्पी तोड़ते हुए कहा, "क्या तुम यह नेकलेस चौबीस घंटों के लिए मेरे पास छोड़ सकते हो, मैं तुम्हें इसकी रसीद दूँगा।" लैंटिन ने तुरंत कहा, "हाँ, ठीक है।" फिर वह रसीद लेकर दुकान से चला गया।

वह घोर संशय की स्थिति में था और इधर–उधर सड़कों में भटकता रहा। उसके मन में बहुत से सवाल उठ रहे थे। उसकी पत्नी के पास पैसे ही कहाँ थे कि वह इतना महँगा गहना खरीद सके। नहीं, यह संभव नहीं। तब तो यह कोई उपहार होगा उपहार! पर यह उपहार किसने दिया होगा? और उसे यह क्यों दिया गया?

वह रुका और सड़क के बीच खड़ा रहा। अपनी पत्नी के बारे में उसे भारी संदेह होने लगा। तब तो अन्य सभी गहने भी उपहार ही होंगे! उसके नीचे की धरती हिलने लगी, सामने का वृक्ष उसे गिरते हुए लगा और वह चक्कर खाकर जमीन पर गिर पड़ा। उसे दवाखाने में होश आया, जहाँ राहगीर उसे उठाकर ले गए थे। उसने कहा कि उसे घर पहुँचा दिया जाए। घर पहुँचते ही उसने अपने आपको एक कमरे में बंद कर लिया और रात होने तक रोता रहा। अंततः थका हुआ वह बिस्तर पर लेट गया। वह पूरी रात बेचैन रहा।

अगली सुबह उठकर वह धीरे–धीरे ऑफिस जाने की तैयारी करने लगा, पर ऐसे सदमे के बाद उसे काम करने का मन नहीं हो रहा था। अतः उसने नियोक्ता

को पत्र भेजकर ऑफिस न आने के लिए माफी माँगी। उसे याद आया कि उसे जौहरी के पास जाना है। उसे इच्छा तो नहीं थी, किंतु वह नेकलेस उसके पास नहीं छोड़ सकता था। वह तैयार होकर घर से बाहर निकला।

दिन सुहाना था। व्यस्त शहर के ऊपर स्वच्छ, नीला आकाश मुसकरा रहा था। कुछ लोग फुरसत में थे और जेब में हाथ डाले टहल रहे थे। उन्हें देखते हुए लैंटिन ने मन–ही–मन कहा, 'अमीर लोग वास्तव में बड़े खुश हैं। पैसा होने पर भारी–से–भारी दुःख को भुलाया जाना संभव है। जिसे जहाँ घूमने जाना हो, जा सकता है। यात्रा में ध्यान दूसरी ओर चला जाता है और यह दुःख का सबसे सही इलाज है। काश! मैं धनवान होता!'

उसे अब भूख लग रही थी, लेकिन उसकी जेब खाली थी। उसने फिर से नेकलेस को याद किया। अठारह हजार फ्रैंक! अठारह हजार फ्रैंक! इतनी बड़ी धनराशि!

वह शीघ्र ही 'रू द ला पे' पहुँचा और जौहरी की दुकान के सामने सड़क के उस पार खड़ा था। अठारह हजार फ्रैंक! उसने दूकान में जाने के लिए बीसों बार सोचा, पर वह झिझक रहा था। वह भूखा था। बहुत भूखा और जेब में उसके पास एक सेंट भी नहीं था। उसके पास सोच–विचार का समय नहीं था। उसने दौड़कर सड़क पार की और सीधे दुकान में घुस गया।

मालिक तुरंत आगे आया और विनम्रतापूर्वक उसे बैठने को कहा। दुकान के क्लर्कों ने उसे बड़े गौर से देखा।

जौहरी ने कहा, "मैंने पूछताछ कर ली है और यदि आप गहने को बेचना चाहते हैं तो मैं प्रस्तावित कीमत देने को तैयार हूँ।"

"जी, हाँ! बिल्कुल ठीक!" यह कहते हुए लैंटिन की जबान लड़खड़ाई।

मालिक ने दराज से अठारह बड़े नोट निकाले और लैंटिन के सामने गिनकर उसे सौंप दिए और रसीद पर उसके हस्ताक्षर लिये। लैंटिन ने काँपते हाथों से पैसे अपनी जेब में रख लिये।

दुकान से निकलते समय वह फिर दुकानदार की ओर मुड़ा, जिसके होंठों पर चिर–परिचित मुस्कान थी। उसने नजरें झुकाते हुए कहा, "मेरे, मेरे पास और भी गहने हैं, जो उसी स्रोत से मेरे पास आए हैं। क्या आप उन्हें भी खरीद सकते हैं?"

दुकानदार ने सिर हिलाते हुए कहा, "जी, सर! अवश्य!"

लैंटिन ने गंभीर होते हुए कहा, "मैं उन्हें आपके पास लेकर आता हूँ।" घंटे भर बाद वह गहनों के साथ दुकान पर आ पहुँचा।

बड़े हीरे की बालियों की कीमत बीस हजार फ्रैंक थी, कंगन पैंतीस हजार

फ्रैंक, अँगूठियाँ सोलह हजार, पन्ने और नीलम का सेट चौदह हजार, मणियुक्त लटकन सहित सोने की चैन चालीस हजार, सब मिलाकर एक सौ तिरालीस हजार फ्रैंक।

जौहरी ने चुटकी लेते हुए कहा, "एक महिला ने अपनी सारी बचत इन कीमती गहनों में लगा दी थी।"

लैंटिन ने गंभीरतापूर्वक कहा, "पैसे निवेश करने का यह भी एक तरीका है।"

उस दिन उसने 'वायसिन' में लंच किया और शराब पी, जिसकी कीमत बीस फ्रैंक प्रति बोतल थी। इसके बाद उसने एक वाहन किराए पर लेकर 'बॉइस' का दौरा किया। चारों ओर वह तिरस्कार भरी नजरों से देखता रहा और लोगों से चीख–चीखकर यह कहने से खुद को नहीं रोक सका–

"मैं भी अमीर हूँ! दो सौ हजार फ्रैंक की पूँजी है मेरी।"

अचानक ही उसे अपने नियोक्ता की याद आई। वह वाहन से ऑफिस पहुँचा और बड़ी खुशमिजाजी के साथ प्रवेश करते हुए कहा, "सर, मैं अपने पद से इस्तीफा देने आया हूँ। मुझे तीन सौ हजार फ्रैंक विरासत में मिले हैं।"

उसने अपने पूर्व–सहयोगियों से हाथ मिलाया और उन्हें विश्वसनीय ढंग से अपनी भावी योजनाओं के बारे में बताया। उसके बाद वह भोजन करने 'कैफे एग्ने' चला गया।

भोजन के दौरान वह आभिजात्य वर्ग के एक सज्जन के पास बैठा और उसे बड़े ही गोपनीय अंदाज में बताया कि उसे भाग्यवश चार सौ हजार फ्रैंक विरासत में मिले हैं।

वह अपनी जिंदगी में पहली बार थिएटर से नहीं ऊबा और शेष रात एक मस्ती भरे मनोरंजक कार्यक्रम में व्यतीत की।

छह माह बाद उसने दुबारा शादी की। उसकी दूसरी पत्नी प्रतिभावान पर गर्ममिजाज थी। उससे वह बहुत दुःखी रहा।

दो साथी

शत्रु–सेनाओं से घिरा पेरिस अकाल की चपेट में था। यहाँ तक कि छतों पर नजर आनेवाली गौरैया और नालों से चूहे भी गायब हो रहे थे। लोगों को जो कुछ मिलता, उसे खाकर अपनी भूख मिटा रहे थे।

वह जनवरी की सुबह थी, धूप खिल चुकी थी और तभी पेरिस की मुख्य सड़क पर मिस्टर मोरीसॉट टहलते चले आ रहे थे। मोरीसॉट पेशे से एक घड़ीसाज थे, मगर इन दिनों काम न होने की वजह से बेकार थे। उनके दोनों हाथ पैंट की जेब में थे। इस वक्त उनकी जेब और पेट दोनों ही खाली थीं। तभी अचानक उनका सामना मिस्टर सोवेज से हुआ, जिनसे उनकी दोस्ती मछली पकड़ने के दौरान हुई थी।

युद्ध शुरू होने से पहले मोरीसॉट ने हर इतवार का एक नियम बना लिया था। वह सुबह–सुबह हाथ में बाँस का डंडा और पीठ पर टिन का बक्सा लिये निकल पड़ते थे। वह अर्जेंटील की ट्रेन पकड़ते, उसे कोलंबस में छोड़ते, और फिर वहाँ से इले माराँते तक का रास्ता पैदल ही तय करते थे। जैसे ही वह अपनी सबसे

पसंदीदा जगह पर पहुँचते, मछली पकड़ना शुरू कर देते और अँधेरा होने तक मछलियाँ पकड़ने रहते रहते।

हर बार उसी जगह उनकी मुलाकात मिस्टर सोवेज से होती थी। वे एक मोटे, छोटे कद के मगर बेहद खुशमिजाज व्यक्ति थे। नोट्रे डेम डी लोरेट में कपड़े का व्यापार करने के साथ–साथ उन्हें मछली पकड़ने का भी शौक था। दोनों अक्सर अपना आधा दिन एक साथ ही बिताते थे। हाथ में कटिया थामे और पानी पर पैर लटकाए बैठे रहते। दोनों के बीच अच्छी खासी दोस्ती हो गयी थी। कुछ दिन ऐसे ही बीत जाते, जब दोनों में ज्यादा बातचीत नहीं होती थी। मगर कभी–कभी वे गप्पें लड़ाते थे। लेकिन उन दोनों के विचार और शौक एक–दूसरे से इतना मेल खाते थे कि बगैर कुछ बोले भी दोनों एक–दूसरे को अच्छी तरह समझने लगे थे।

बसंत के मौसम में, जब सुबह दस बजे के करीब सूरज अपनी रोशनी बिखेरता तब पानी के ऊपर एक धुंध सी छाई रहती थी। धूप जब दोनों की पीठ को सेंकने लगती तो कभी–कभी मोरीसॉट अपने पड़ोसी से कहने लगते– मेरी तो पीठ जल रही है, पर जाने दो, यहाँ फिर भी मजा आ रहा है। इस बात पर दूसरे का जवाब होता– मैं इससे मजेदार किसी और चीज की कल्पना भी नहीं कर सकता!

और ये कुछ शब्द एक–दूसरे तक अपनी बात पहुँचाने और एक–दूसरे को समझने के लिए पर्याप्त होते थे। सर्दियों में जब दिन ढलने लगता तो पश्चिम का आसमान लाल हो उठता था। लाल–लाल बादलों के प्रतिबिंब से पूरी नदी लाल दिखने लगती। नदी के लाल रंग से दोनों दोस्तों के चेहरे भी दमकने लगते। पेड़ के पत्ते शरद ऋतु के आने से ही झड़ना शुरू हो जाते, मगर इस लालिमा से मुरझाए पत्ते भी पेड़ को शानदार बना देते। इन्हें देखकर मिस्टर सोवेज मुस्कराते हुए मोरीसॉट की ओर देखते और कहते कितना शानदार नजारा है!

और तब मोरीसॉट अपनी नजर शिकार से हटाए बिना जवाब देते – वाकई, राजपथ से भी खूबसूरत है, है न?

आज राजपथ पर इतने दिनों बाद, बदले हुए हालात में मिलने पर भी दोनों ने न सिर्फ एक–दूसरे को पहचान लिया, बल्कि एक–दूसरे से दोस्ताना अंदाज में हाथ भी मिलाया।

मिस्टर सोवेज ने एक गहरी साँस लेते हुए धीरे से कहा–

"इन दिनों बड़ा बुरा वक्त चल रहा है!"

मोरीसॉट ने भी शोक मनाने के अंदाज में सिर हिला दिया।

और फिर ऐसा मौसम! यह साल का पहला अच्छा दिन है।

दरअसल, आसमान चमक रहा था, बिना बादलों के एकदम नीला नजर आ रहा था।

दोनों साथ–साथ चलते रहे। दोनों ही उदास थे और गहरी सोच में डूबे हुए थे।

मोरीसॉट ने कहा, "और जरा याद करो उन दिनों को, जब हम मछली पकड़ते थे! हम कितना मजा किया करते थे ना!"

"हम दोबारा कब मछली पकड़ पाएँगे?" मिस्टर सोवेज ने पूछा।

दोनों एक छोटे से कैफे में गए, एक चिरायता लिया और फिर फुटपाथ पर चलने लगे।

मोरीसॉट अचानक रुक गए।

उन्होंने पूछा, "क्या हमें एक और चिरायता लेना चाहिए? "

"अगर तुम चाहो तो" मिस्टर सोवेज ने सहमति जताते हुए कहा।

और तब दोनों शराब की एक दुकान में दाखिल हुए।

जब बाहर निकले तो दोनों के कदम लड़खड़ा रहे थे। खाली पेट पर शराब ने अपना असर दिखा दिया था। उस दिन मौसम अच्छा था, धूप कड़ी नहीं थी और धीरे–धीरे चल रही हवा उनके चेहरे से टकरा रही थी।

ताजा हवा ने मिस्टर सोवेज के नशे को और भी बढ़ा दिया। वे अचानक रुके और कहने लगे –

"मान लो, हम अभी वहाँ चलें तो?""कहाँ?"

"मछली पकड़ने।" "लेकिन कहाँ?"

"वहीं, अपनी पुरानी जगह। फ्रांस की चौकियाँ भी कोलंबस के नजदीक हैं। मैं कर्नल डूमोलीन को जानता हूँ। हमें आसानी से आगे जाने की इजाजत मिल जाएगी।"

मोरीसॉट लालच के नशे में थोड़ा और लड़खड़ा गए।

"बिलकुल ठीक। मैं तैयार हूँ।"

और फिर दोनों अपने–अपने रॉड और मछली पकड़ने का साजो–सामान लाने के लिए वहाँ से अलग–अलग रास्तों पर चल पड़े।

एक घंटे बाद वे फिर से एक सड़क पर साथ–साथ चल रहे थे। उस वक्त दोनों एक बँगले पर पहुंचे, जहाँ एक कर्नल रहता था। वह इन दोनों की गुजारिश पर मुस्कराया और इजाजत दे दी। उन्होंने फिर चलना शुरू कर दिया। उन्हें एक संकेत शब्द यानी पासवर्ड दिया गया।

जल्दी ही वे आउटपोस्ट से भी आगे निकल गए। निर्जन पड़े कोलंबस के बीच से होते हुए सीन शहर की सीमा पर खुद को अंगूरों के बाग के करीब पाया। इस

वक्त सुबह के ग्यारह बज रहे थे।

उनके सामने अर्जेंटील शहर था, जो मृतप्राय दिख रहा था। दूर से ही वादियों के बीच ऑर्गेमेंट और सनोइस की चोटियाँ नजर आ रही थीं। नानटेरे तक फैला वह विशाल मैदान एकदम खाली पड़ा था, मिट्टी का रंग भी भूरा पड़ चुका था और चेरी के पेड़ भी उजड़े हुए नजर आ रहे थे।

मिस्टर सोवेज ने चोटियों की तरफ इशारा करते हुए कहा– "प्रूसियन उसके उस पार हैं!"

गाँवों को सुनसान देखकर दोनों दोस्तों के बीच अजीब सी उलझन पैदा होने लगी। प्रूसियन! उन्हें दोनों ने कभी देखा नहीं था, लेकिन पेरिस के आस–पास के इलाकों में उनके होने का अहसास था। महीनों से वे फ्रांस को बर्बाद कर रहे हैं, उसे रौंद रहे हैं, जनसंहार कर रहे हैं, भूख से तड़पा रहे हैं। अनजाने से मगर विजेता देश के प्रति उनके दिमाग में एक दहशत व नफरत पैदा हुई।

"मान लो अगर हमारी मुलाकात उनमें से एक से भी हो गई तो?" मोरीसॉट ने कहा।

"तो हम उन्हें कुछ मछलियाँ दे देंगे। मिस्टर सोवेज ने प्रूसियनों की क्रूरता को ध्यान में रखते हुए कहा, जिनकी भूख कोई नहीं मिटा सकता था।

मगर अब भी उन दोनों को अपने आसपास छाए सन्नाटे के बीच इस तरह खुले मैदान में खड़े होने में अजीब सा लग रहा था।

अंत में मिस्टर सोवेज ने पूरे हौसले के साथ कहा–

"चलो, इसकी शुरुआत हम ही करते हैं। बस हमें थोड़ा सतर्क रहना होगा!"

और फिर दोनों ने अंगूरों के बगीचे से होते हुए आगे बढ़ना शुरू कर दिया। उन्होंने झाड़ियों के अंदर– अंदर रेंगना शुरू किया। उनकी नजरें सतर्क थीं और कान किसी भी आवाज को सुनने के लिए एकदम चौकन्ने थे।

इससे पहले कि वे नदी के किनारे तक पहुँच पाते, उन्हें एक लंबा– चौड़ा मैदान पार करना था, जहाँ छिपने के लिए झाडियाँ नहीं थीं। उन्होंने एक तरकीब अपनाई। वे तेजी से दौड़े, इससे पहले कि किसी की नजर पड़े, पानी के किनारे तक पहुँच गए, और खुद को सूखे पेड़–पौधों के बीच छिपा लिया।

मोरीसॉट ने अपने कान जमीन पर टिका दिए और गौर से सुनने लगे कि कहीं कोई उनकी ओर आ तो नहीं रहा। उन्हें कुछ सुनाई नहीं दिया। दोनों उस जगह पर पूरी तरह अकेले थे।

वे सुरक्षित महसूस करने लगे, और फिर मछली पकड़ने का काम शुरू कर दिया।

वे अपने सामने नदी के उस पार सुनसान–वीरान इले मारांते शहर को देख पा

रहे थे। वहाँ एक छोटा सा रेस्तराँ हुआ करता था, जो अब ऐसा दिख रहा था, मानो वर्षों से बंद पड़ा हो।

मिस्टर सोवेज ने पहली मछली पकड़ ली थी, दूसरी मिस्टर मोरीसॉट के कब्जे में आई, और एक के बाद एक उनके काँटे में मछलियाँ फँसती चली गईं। जब छोटी–छोटी चमकीली मछलियाँ काँटे में छटपटाती हुई पानी से ऊपर नजर आतीं तो उनके चेहरे खुशी से खिल उठते।

वे मछलियों को काँटे से निकालते और धीरे से अपने पैर के करीब पड़े उस बैग में सरका देते, जिसका मुँह जालियों से ढका हुआ था। उनकी खुशी का ठिकाना नहीं था। आखिर इतने दिनों बाद अपने पसंदीदा काम को करने का मौका जो मिला था।

सूरज की किरणें अब उनकी पीठ पर पड़ने लगी थीं। उन्हें अब न कुछ सुनाई दे रहा था, न किसी चीज की चिंता सता रही थी। उन्हें दुनिया की कोई परवाह नहीं थी, क्योंकि वे मछली पकड़ रहे थे।

लेकिन अचानक गड़गड़ाहट की आवाज सुनाई पड़ी। ऐसा लगा जैसे धरती के नीचे कोई धमाका हुआ, जिसने उन्हें ऊपर से नीचे तक हिला दिया। यह तोपों की गड़गड़ाहट थी, जिन्होंने फिर से गोले बरसाना शुरू कर दिया था। मोरीसॉट ने अपनी नजरें बाईं ओर घुमाकर देखा तो नदी के उस पार माउंट वैलेरीन की पहाड़ियों पर सफेद धुआँ उठ रहा था।

अगले ही पल धुएँ का एक और गुबार नजर आया। एक नए धमाके से धरती फिर से थर्रा गई थी। फिर तो एक के बाद एक कई धमाके हुए। हर एक मिनट बाद पहाडियों पर गोले बरसते और सफेद धुएँ का गुबार उठता नजर आता। उनका धुआँ पहाड़ की चोटियों से आसमान में जाता साफ नजर आ रहा था।

मिस्टर सोवेज ने अपने कंधे उचकाए, और कहा –

"देखो उन्होंने फिर यह सब शुरू कर दिया!"

मोरीसॉट अब तक अपने रॉड को पानी से ऊपर और नीचे जाने का लुत्फ ले रहे थे। मगर मिस्टर सोवेज के गुस्से ने उनका ध्यान बँटा दिया। शांत स्वभाव के एक व्यक्ति को गोले बरसानेवाले सिरफिरे लोगों से नाराज देखकर वो भी गुस्से में आ गए, और कहा–

"कितने मूर्ख हैं ये लोग, जो इस तरह एक–दूसरे को मार रहे हैं!"

मिस्टर सोवेज ने कहा, " वे जानवरों से भी गए गुजरे हैं।"

मिस्टर मोरीसॉट जिन्होंने अभी–अभी एक और मछली पकड़ी थी, बोल पड़े–

"और यह सब तब तक चलता रहेगा, जब तक कि सरकारें हैं! "

"गणतंत्र कभी युद्ध का ऐलान नहीं करता।" मिस्टर सोवेज ने कहा।

मोरीसॉट ने उन्हें बीच में टोका –

"जब राजा का शासन होता है, तो हम दूसरे देशों से लड़ते हैं, पर जब गणतंत्र होता है तो गृहयुद्ध शुरू हो जाता और फिर दोनों ने आहिस्ता–आहिस्ता राजनीतिक समस्याओं पर बातचीत शुरू कर दी। दोनों ही अमन चाहनेवाले और खरी बात करनेवाले नागरिक थे, जो एक बात पर आम राय रखते थे कि उन्हें कभी आजादी नहीं मिल सकती। दूसरी तरफ माउंट वैलेरीन पर बमों की वर्षा जारी थी। दुश्मन के तोप फ्रांसीसियों के घरों को तबाह कर रहे थे। जिंदगियों को, इंसानों के सपनों को, आनेवाली खुशियों को खत्म कर रहे थे। एक–दूसरे के मुल्क में आकर वहाँ की पत्नियों, बेटियों और माताओं को बेहिसाब दुख दे रहे थे।

"ऐसी ही है ये जिंदगी!" मिस्टर सोवेज ने अफसोस के साथ कहा।

"ये कहो, कि ऐसी है ये मौत!" हँसते हुए मोरीसॉट ने जवाब दिया।

मगर अचानक उनके रोंगटे खड़े हो गए, जब उन्हें अपने पीछे कदमों की आहट सुनाई पड़ी। पीछे मुड़कर देखा तो उनके एकदम करीब चार लंबे कद के सिपाही खड़े थे। चेहरे पर दाढ़ी थी, सिर पर चपटी टोपी और पोशाक नौकरों के जैसी थी। सिपाहियों ने मछली पकड़ने में व्यस्त इन दो दोस्तों पर अपनी बंदूकें तान दीं। दोनों के हाथ से रॉड छूट गए और पानी में बहते हुए दूर चले जा रहे थे।

चंद सेकेंड के भीतर दोनों कैद कर लिये गए, बाँधकर नाव में डाल दिए गए और इले मारांते ले जाए गए। जिन मकानों को उन्होंने निर्जन समझ लिया था, उनके पीछे सैकड़ों जर्मन सैनिक मौजूद थे।

दोनों विशालकाय लंबे बालोंवाले एक व्यक्ति के सामने खड़े थे, जो कुर्सी पर बैठा हुआ लंबा सा पाइप पी रहा था। उसने शानदार फ्रेंच में दोनों को संबोधित किया –

"क्यों, आप दोनों सज्जनों को मछली पकड़ने में खूब मजा आ रहा था?"

तब एक सैनिक ने अफसर के सामने उनके मछलियों का बैग रख दिया। सैनिक मछलियों का बैग सँभालकर यहाँ तक लाए थे। प्रूसियन अफसर के चेहरे पर मुसकान थी।

"यह बुरा नहीं है। लेकिन मैंने तुम दोनों को यहाँ किसी और वजह से बुलाया है। मेरी बात ध्यान से सुनो और हाँ, डरने की जरूरत नहीं है।

"मेरी नजर में तुम दोनों दुश्मन के जासूस हो, जिन्हें मेरी हरकतों पर नजर रखने के लिए भेजा गया है। इसलिए मैं तुम्हें कैद कर सकता हूँ और गोली से उड़ा सकता हूँ। तुम मछली पकड़ने का नाटक कर अपने असली इरादे को

छिपाना चाहते थे। तुम मेरे चंगुल में फँस चुके हो और तुम्हें इसका खामियाजा भुगतना पड़ेगा। युद्ध के हालात यही कहते हैं।

"लेकिन तुम दोनों आउटपोस्ट से होकर आए हो, तो तुम्हारे पास वह पासवर्ड जरूर होगा, जिससे तुम वापस लौट सकते हो। मुझे वह पासवर्ड बता दो तो मैं तुम्हें जाने दूंगा।"

दोनों दोस्तों को अपनी मौत साफ नजर आ रही थी। उनके चेहरे का रंग सफेद पड़ गया था। चुपचाप एक-दूसरे के बगल में खड़े दोनों अपनी बाँहों को थोड़ा-बहुत हिलाकर यह संकेत देना चाह रहे थे कि वे डरे हुए नहीं हैं।

अफसर ने कहा, "यह बात किसी को पता नहीं चलेगी। तुम दोनों मजे से अपने-अपने घर लौट जाओगे, और तुम्हारे जाने के बाद यह राज भी राज ही रह जाएगा। यदि तुम इनकार करते हो, तो इसका मतलब है मौत, अभी और इसी वक्त। चुन लो तुम क्या चाहते हो?"

दोनों जड़वत् खड़े रहे, उनके होंठ भी हिल नहीं पा रहे थे।

प्रूसियन अफसर एकदम शांत था। उसने नदी की ओर हाथ बढ़ाते हुए कहा, " सोचो, सिर्फ पाँच मिनट में तुम दोनों नदी के उस पार पहुँच जाओगे। सिर्फ पाँच मिनट में! मैं समझता हूँ, तुम्हारे रिश्तेदार तो उस पार होंगे ही?"

माउंट वैलेरीन पर अब भी गोले बरस रहे थे।

मछली पकड़नेवाले दोनों चुपचाप खड़े थे। जर्मन अफसर घूमा और उसने अपनी भाषा में कोई आदेश दिया। फिर उसने अपनी कुरसी खिसकाई और इन दोनों बंदियों से थोड़ा दूर चला गया। करीब दर्जन भर सैनिक आगे आए और बीस कदम दूर अपनी राइफल तानकर खड़े हो गए।

"मैं तुम दोनों को एक मिनट देता हूँ।" अफसर ने कहा, " इससे एक सेकेंड भी ज्यादा नहीं!"

फिर वह जल्दी से उठा और इन दोनों फ्रांसीसियों के करीब आया। मोरीसॉट की बाँह पकड़कर कुछ दूर ले गया , और फिर उसके कान में फुसफुसाया-

"जल्दी! पासवर्ड बताओ! तुम्हारे दोस्त को पता नहीं चलेगा। मैं दया दिखाने का नाटक कर दूंगा।"

मोरीसॉट ने एक शब्द नहीं बोला।

तब प्रूसियन अफसर इसी तरह मिस्टर सोवेज को एक ओर ले गया। उनके सामने भी वही प्रस्ताव रखा।

मिस्टर सोवेज ने भी कोई जवाब नहीं दिया था।

एक बार फिर दोनों एक-दूसरे के बगल में खड़े थे।

अफसर ने आदेश जारी किया। सैनिकों ने अपनी बंदूकें तान लीं।

तभी मोरीसॉट की नजर गजन मछलियों से भरे अपने बैग पर पड़ी, जो उनसे कुछ फीट दूर घास पर पड़ा था।
सूरज की किरणें अब भी छटपटाती मछलियों पर पड़ रही थीं, और उनमें चाँदी जैसी चमक पैदा हो रही थी। तब मोरीसॉट का दिल बैठने लगा। पूरी कोशिश के बावजूद वह अपनी आँखों में आ रहे आँसुओं को रोक नहीं पाया।
लड़खड़ाती आवाज में उन्होंने कहा, " अलविदा, मिस्टर सोवेज!"
सोवेज ने भी जवाब दिया, "अलविदा मिस्टर मोरीसॉट!"
उन्होंने हाथ मिलाए। सिर से पाँव तक काँपते शरीर पर उनका काबू नहीं रह गया था।
तभी अफसर चीखा दृ "फायर!"
बारह की बारह गोलियाँ एक साथ गरजीं।
मिस्टर सोवेज उसी क्षण सामने गिर पड़े। मोरीसॉट लंबा होने की वजह से कुछ देर तक हिले–डुले और फिर अपने दोस्त की ओर लुढ़क गए। उनका चेहरा आसमान की ओर था तथा कोट की जेब में बने छेद से खून की धार निकल रही थी।
जर्मन अफसर ने एक और आदेश दिया।
उसके सैनिक वहाँ से चले गए। दोबारा रस्सियों और बड़े–बड़े पत्थरों के साथ लौटे। दोनों दोस्तों के पैरों को इनसे बाँध दिया और फिर उन्हें लेकर नदी के किनारे चल पड़े।
माउंट वैलेरीन की चोटियाँ अब भी धुएँ से ढकी थीं और बमबारी लगातार हो रही थी।
दो सैनिकों ने मोरीसॉट को सिर और पैर से पकड़कर उठाया। बाकी दो सैनिकों ने सोवेज को उठाया। मजबूत हाथों में दोनों के शरीर झूल रहे थे। कुछ दूर ले जाकर नदी का मोड़ आते ही सैनिकों ने दोनों की लाश नदी में फेंक दी। पानी की लहरें ऊँची उठ रही थीं। वे किनारे पर आई और फिर वापस लौट गई। खून के कुछ निशान पानी में अब भी नजर आ रहे थे।
अफसर जो अब तक एकदम शांत था, उसने मजाक में कहा–जाक द रैंडल ने घर पर अकेले ही खाना खाया और फिर अपने नौकर को जाने के लिए बोलकर , वह एक मेज पर चिट्ठियाँ लिखने बैठ गया।
हर साल का अंत वह ऐसे ही करता था। वह पत्र लिखता था और सपने देखता था। वह एक तरह से अपने लिए उन चीजों का पुनरावलोकन करता था , जो पिछले नए साल के रोज से अब तक हुई थीं, जो अब बीत चुकी थीं और खत्म हो चुकी थीं। जैसे–जैसे उसके दोस्तों के चेहरे उसकी आँखों के आगे

आते–जाते थे, वह उन्हें कुछ पंक्तियाँ लिखता था , पहली जनवरी की हार्दिक गुड मॉर्निंग कहता था।

इस बार भी वह लिखने बैठ गया। उसने एक दराज खोली, उसमें से एक औरत की फोटो निकाली, कुछ देर तक उसे एकटक देखता रहा और फिर उसे चूम लिया। उसे एक कागज के पास रखकर उसने लिखना शुरू किया–मेरी प्यारी आइरीन, अब तक तुम्हें मेरी भेजी वह छोटी सी निशानी मिल गई होगी। आज शाम मैंने अपने आपको बंद कर रखा है, ताकि मैं तुम्हें यहाँ बता सकूँ। यहाँ आकर कलम रुक गई , जाक उठ गया और कमरे में इधर – से– उधर टहलने लगा। पिछले छह महीने से उसकी एक प्रियतमा थी। वह दूसरों जैसी प्रियतमा नहीं थी। वह कोई थिएटर की दुनिया की या बदचलन मंडली की कोई औरत भी नहीं थी, जिसके साथ यों ही चलताऊ संबंध बन जाते हैं। वह तो एक ऐसी औरत थी , जिसे उसने प्यार किया था और जिसे वह जीता था। अब वह नौजवान नहीं रह गया था , हालाँकि अपेक्षाकृत अभी भी जवान था। वह जिंदगी को गंभीरता से , सकारात्मक और व्यावहारिक भाव से लेता था। उसी के अनुसार वह अपनी प्रणय भावनाओं का लेखा –जोखा रखता था , जैसे वह खत्म हो जाने वाले या शुरू होने वाले नए दोस्ताना संबंधों का लेखा–जोखा रखता था। अपने जीवन में आए व्यक्तियों और हालात का लेखा जोखा रखता था कि क्या खोया, क्या पाया ? प्यार का उसका पहला जोश कुछ हलका हो गया था , इसलिए उसने किसी बनिए की तरह सटीक गुणा– भाग करते हुए अपने आपसे यह पूछा कि उस औरत के संबंध में उसके दिल की क्या हालत थी और उसने यह अनुमान लगाने की भी कोशिश की कि भविष्य में क्या होगा। उसे अपने दिल में बहुत ज्यादा और गहरा स्नेह मिला, जिसमें कोमलता थी, कृतज्ञता थी और थीं हजार बारीकियाँ, जो लंबे और सशक्त लगावों को जन्म देती हैं।

तभी घंटी बजी और वह चौंक गया। वह थोड़ा हिचकिचाया। क्या उसे दरवाजा खोल देना चाहिए ? लेकिन उसने सोचा कि यह उसका कर्तव्य है कि वह ऐसे किसी भी अजनबी के लिए नए साल की इस रात को अपना दरवाजा खोल दे, चाहे वह कोई भी हो।

इसलिए उसने एक मोमबत्ती ली , आगे वाले कमरे से होता हुआ गया , सिटकनी हटाई, चाबी घुमाई, दरवाजा खोला और देखा कि सामने दीवार से टिकी उसकी प्रियतमा खड़ी थी। वह मुरदे सी पीली पड़ रही थी।

उसने भटकते हुए कहा, " क्या हुआ तुम्हें ? "

उसने जवाब दिया , " अकेले हो ? " " हाँ। "

" नौकर तो नहीं है ? "" नहीं। "
" बाहर तो नहीं जा रहे हो ? " " नहीं। "
वह इस तरह से घुसी जैसे घर से परिचित हो। बैठक में पहुँचते ही वह सोफे में धंस गई और हाथों से मुँह ढाँपकर बुरी तरह से रोने लगी।
वह उसके कदमों पर घुटनों के बल बैठ गया। उसने उसके हाथ पकड़कर उन्हें उसके चेहरे से हटाया, ताकि उन्हें देख सके। वह बोला, " आइरीन, आइरीन ! क्या हुआ तुम्हें ? मेहरबानी करके मुझे बताओ कि तुम्हें हुआ क्या है ? "
उसने सुबकते हुए धीमे से कहा, " अब मैं इस तरह और नहीं रह सकती। "
उसकी कुछ समझ में नहीं आया।
" इस तरह से तुम्हारा मतलब क्या है? "
" हाँ, अब मैं इस तरह और नहीं रह सकती। बहुत सह चुकी मैं। आज दोपहर बाद उन्होंने मुझे मारा। "
"किसने तुम्हारे पति ने? "
" हाँ, मेरे पति ने। " " अच्छा! "
वह चकित रह गया। उसने कभी शक भी नहीं किया था कि उसका पति वहशी भी हो सकता है। वह व्यावहारिक था , अच्छे तबके का था, क्लब जाता था , घोड़ों का प्रेमी था , थिएटर का शौकीन था और तलवारबाजी में दक्ष था य हर जगह लोग उसे जानते थे, उसकी बातें करते थे, उसकी तारीफ करते थेय बहुत शिष्ट था वह , लेकिन बुद्धि के मामले में बहुत साधारण है, उसमें तालीम और अच्छी तहजीब की कमी हैय जो तमाम सभ्य लोगों की तरह सोचने के लिए जरूरी है।
वह अपनी पत्नी के प्रति समर्पित दिखाई देता था जैसा कि दौलतमंद और सभ्य लोगों के मामले में किसी आदमी को करना चाहिए। वह अपनी पत्नी की इच्छाओं, उसकी सेहत, उसके कपड़ों की काफी चिंता करता था , इसके अलावा उसने उसे पूरी तरह से आजाद छोड़ रखा था।
रैंडल , क्योंकि आइरीन का दोस्त बन चुका था , इसलिए उसे स्नेहपूर्वक उसका हाथ पकड़ने का अधिकार था , जिसका ऋणी अच्छी तमीज वाला हरेक पति अपनी पत्नी के घनिष्ठ परिचितों के प्रति होता है। और फिर जब जाक कुछ समय तक दोस्त रहने के बाद प्रेमी बन गया तो महिला के पति के साथ उसके संबंध और भी सौहार्द्रपूर्ण हो गए।
जाक ने कभी सपने में भी नहीं सोचा था कि इस घर में तूफान उठेगा। इस अप्रत्याशित जानकारी के उजागर होने पर वह डर गया।
उसने पूछा, " यह हुआ कैसे ? बताओ मुझे। "

तब उसने एक लंबी कहानी सुनाई , अपनी जिंदगी की पूरी कहानी , अपनी शादी के दिन से अब तक का पूरा किस्सा। कैसे पहली कहा– सुनी एक बहुत ही मामूली सी बात पर हुई थी, फिर बढ़कर अजनबीपन में तब्दील हो गई थी , जो दो विपरीत किस्म के किरदारों के बीच हर दिन बढ़ता जाता है।

फिर शुरू हुए झगड़े और बिलकुल अलगाव , जो दिखावटी नहीं वास्तविक थे, उसके बाद उसके पति ने अपना उग्र , शक्की और हिंसक रूप दिखाया। अब वह ईर्ष्यालु हो गया था , जाक को लेकर ईर्ष्यालु हो गया था। आज भी तमाशा खड़ा होने के बाद उसने उसे मारा था।

उसने फैसला करते हुए आगे कहा , "मैं वापस वहाँ नहीं जाऊँगी। तुम मेरे साथ जो चाहो करो। " जाक उसके सामने बैठ गया। उनके घुटने आपस में छू रहे थे। जाक ने उसके हाथ अपने हाथों में ले लिये। उसने कहा, " मेरी जान ! तुम एक भारी, एक लाइलाज मूर्खता करने जा रही हो। अगर तुम अपने पति को छोड़ना चाहती हो तो गलतियों को एक तरफ कर दो , ताकि तुम्हारी व्यावहारिक महिला वाली छवि बची रहे। "

उसने उसे बेचैनी से देखते हुए कहा, " तो तुम मुझे क्या सलाह देते हो ? "

" यही कि तुम घर वापस जाओ और वहाँ तब तक अपनी जिंदगी बिताओ, जब तक तुम इज्जत के साथ उससे अलग न हो जाओ या तलाक न ले लो। "

" तुम यह जो करने की सलाह मुझे दे रहे हो , यह थोड़ी कायरता नहीं होगी क्या ? " " नहीं , यह अकलमंदी है और सही भी। तुम्हें ऊँचा रुतबा, इज्जत बचानी है, दोस्तों को बनाए रखना है और रिश्तों को सँभालना है। तुम्हें महज अपनी सनक में इन सबको खो नहीं देना है। "

वह उठ खड़ी हुई और तमककर बोली, " नहीं , रहने दो! अब मैं इसे और बरदाश्त नहीं कर सकती! यह खत्म हो चुका ! खत्म हो चुका है यह सब ! " फिर अपने दोनों हाथ अपने प्रेमी के कंधों पर रखते हुए और सीधे उससे आँखें मिलाते हुए उसने पूछा, " तुम मुझसे प्यार करते हो ? " " हाँ। "

" असल में और सच में ? " " हाँ ? "

"फिर मुझे रख लो ! "

वह बोला, " तुम्हें रख लूँ? मेरे अपने घर में ? यहाँ ? अरे , तुम पागल हो। इसका मतलब यह होगा कि मैं तुम्हें हमेशा के लिए खो दूंगा, तुम्हें वापस पाने की उम्मीद भी नहीं रहेगी! तुम पागल हो ! "

उसने धीमे– धीमे और गंभीर लहजे में उस औरत की तरह जवाब दिया, जो अपनी बातों का वजन समझती है।

" सुनो जाक ! उन्होंने मुझे मना किया है कि तुमसे फिर न मिलूँ और मैं तुम्हारे

घर चोरी– चोरी आने का यह हास्य नाटक नहीं खेलूँगी। या तो तुम्हें मुझे खोना होगा या मुझे पाना होगा। "

" मेरी प्यारी आइरीन , अगर ऐसी बात है, तब तो तुम तलाक ले लो , मैं तुमसे शादी कर लूँगा। "

" हाँ , तुम मुझसे – जल्दी– से – जल्दी भी करोगे तो – दो साल में शादी कर लोगे। कितना धैर्यवान है न तुम्हारा प्यार। "

" देखो, सोचो! अगर तुम यहाँ रह जाती हो तो कल वह तुम्हें लेने आ जाएगा, क्योंकि वह तुम्हारा पति है, क्योंकि यह उसका हक है और कानून उसकी तरफ है। "

" मैंने तुमसे यह नहीं कहा जाक कि मुझे अपने घर में रखो, तुम जहाँ चाहो मुझे वहाँ ले जाओ। मैं तो सोचती थी कि तुम मुझे इतना प्यार करते हो कि तुम यही करोगे , लेकिन मैं गलत थी। अलविदा! "

वह घूमी और इतनी तेजी से दरवाजे की तरफ गई कि वह जब तक उसे पकड़ पाता, वह कमरे से बाहर जा चुकी थी। " सुनो, आइरीन ! "

वह अपने आपको छुड़ाने लगी। वह अब उसकी बात सुनना ही नहीं चाहती थी। उसकी आँखों में आँसू थे और होंठों पर बस यही शब्द थे कृ मुझे अकेला छोड़ दो ! मुझे अकेला छोड़ दो ! मुझे अकेला छोड़ दो ! "

उसने उसे जबरन बैठा दिया और एक बार फिर उसके कदमों में घुटनों के बल गिरते हुए, उसने उसके सामने कई तर्क रखे, कई सलाहें रखीं, ताकि वह जो करना चाहती थी, उसकी मूर्खता और उसके भयंकर जोखिम को समझ सके। वह उसे समझाने के लिए जो कुछ भी कहना जरूरी समझता था, उसमें उसने कोई कटौती नहीं की। उसके दिल में उसके लिए जो प्यार था, उसकी वजह से वह बाध्य था कि वह उसे मनाए।

वह क्योंकि चुप और उदासीन बनी हुई थी तो उसने उससे विनती की , चिरौरी की कि वह उसकी बात सुने , उस पर भरोसा करे और उसकी सलाह माने। जब वह अपनी बात कह चुका तो उसने बस यह जवाब दिया – " अब मुझे जाने दोगो ? अपने हाथ हटाओ तो मैं उठूँ। "

" इधर देखो, आइरीन ! " "मुझे जाने दोगे? "

" आइरीन कृ क्या तुम्हारा इरादा अटल है ? " " जाने दो मुझे। "

"मुझे बस इतना बता दो कि क्या यह इरादा, तुम्हारा यह मूर्खता भरा इरादा, जिस पर बाद में तुम्हें अफसोस होगा, क्या यह अटल है ? "

" हाँ , मुझे जाने दो ! "

" तो फिर रुक जाओ। तुम अच्छी तरह जानती हो कि यहाँ तुम बिलकुल घर जैसी

हो। हम कल सुबह चल देंगे। "
वह उसकी अवहेलना करती हुई उठ खड़ी हुई और सख्त लहजे में बोली, " नहीं। अब बहुत देर हो चुकी है। मुझे बलिदान नहीं चाहिए। मुझे समर्पण चाहिए। "
" रुक जाओ! मैंने वह किया जो मुझे करना चाहिए था य मैंने वह कहा जो मुझे कहना चाहिए था। अब मेरी तुम्हारी तरफ से कोई जिम्मेदारी नहीं है। मेरा जमीर शांत है। अब बताओ तुम मुझसे क्या चाहती हो , मैं वही करूँगा। "
वह अपनी जगह पर फिर से बैठ गई , देर तक उसे देखती रही , फिर उसने बड़े शांत स्वर में कहा , " फिर , खुलकर बताओ। "
" यह क्या बात हुई? तुम मुझसे क्या खुलकर बताने की इच्छा रखती हो ? "
" सबकुछ कृ वह सबकुछ, जो तुमने यह इरादा करने से पहले सोचा होगा , तब मैं देखूँगी कि मुझे क्या करना चाहिए। "
" लेकिन मैंने तो कुछ भी नहीं सोचा। मैं तुम्हें आगाह करना चाहता हूँ कि तुम मूर्खता का काम करने जा रही हो। तुम अड़ी हुई हो य तो मैं मूर्खता के इस काम में साझीदारी करना चाहता हूँ और इस पर जोर भी दे रहा हूँ। "
" इतनी जल्दी अपनी राय बदलना स्वाभाविक नहीं होता। "
" सुनो , मेरी जान! यहाँ सवाल बलिदान या समर्पण का नहीं है। जिस दिन मुझे यह अहसास हुआ कि मैं तुमसे प्यार करता हूँ तो मैंने अपने आपसे यह कहा था , जो हरेक प्रेमी को ऐसे मामले में कहना चाहिए कि जो आदमी किसी औरत से प्यार करता है , जो उसे जीतने की कोशिश करता है, जो उसे पाता है और जो उसे लेता है तो जहाँ तक उसका सरोकार है और जहाँ तक उस औरत का सरोकार है, वह एक पवित्र गठबंधन का अनुबंध करता है। ध्यान रहे, यह तुम्हारे जैसी औरत से निपटने का सवाल है , किसी जज्बाती और दब्बू स्वभाव की औरत से निपटने का नहीं।
" शादी की बड़ी सामाजिक अहमियत होती है, बड़ी कानूनी अहमियत होती है, लेकिन जिन हालात में यह आम तौर पर होती है, उसे देखते हुए मेरी नजर में इसकी बहुत ही कम नैतिक अहमियत है।
" इसलिए जब ऐसी कोई औरत , जो इस कानूनी बंधन से तो अपने पति से बँधी होती है, लेकिन उससे कोई लगाव नहीं रखती, क्योंकि वह उससे प्यार नहीं कर सकती। जब ऐसी औरत जिसका दिल कोई बंधन नहीं मानता, जबकि वह औरत किसी ऐसे आदमी से मिलती है, जिसकी वह परवाह करती है और अपने आपको उसे सौंप देती है। जब कोई ऐसा आदमी जिसका कोई और बंधन नहीं होता , जब वह उस औरत को इस तरह से लेता है तो मैं कहता हूँ कि मेयर के सामने हाँ कहने के मुकाबले वे इस आपसी और स्वतंत्र समझौते

से एक–दूसरे के लिए अधिक वचनबद्ध होते हैं।
"मैं कहता हूँ कि अगर वे दोनों इज्जतदार लोग हैं तो उनका मेल अधिक अंतरंग, अधिक वास्तविक, अधिक पुष्ट होगा ही, अपेक्षाकृत तब के जब उसे तमाम पवित्र संस्कारों से पवित्र किया गया हो।
" यह औरत सबकुछ जोखिम में डाल देती है। यह ठीक इसीलिए होता है, क्योंकि वह यह जानती है, क्योंकि वह सबकुछ दे देती है, अपना दिल , अपना शरीर , अपनी आत्मा, अपनी इज्जत, अपनी जिंदगीय क्योंकि उसने सारे दुखों , सारे खतरों, सारी आफतों को पहले से देख लिया होता हैय क्योंकि वह एक हिम्मत वाला काम करने का एक बहादुरी का काग करने का दुस्साहस करती हैय क्योंकि वह हरेक चीज का सामना करने को तैयार और कृत संकल्प रहती है कृ सामना करने को अपने पति का, जो उसकी जान ले सकता है और सामना करने को उस समाज का , जो उसे बाहर कर सकता है। इसलिए तो वह अपने पति के साथ बेवफाई करने में बहादुरी से काम लेती है य इसलिए तो उसे लेने में उसके प्रेमी ने भी सबकुछ पहले से देखा ही होगा और सभी चीजों से ज्यादा उसे पसंद किया होगा , चाहे कुछ भी हो जाए। इससे ज्यादा मुझे और कुछ नहीं कहना। शुरू में मैंने एक समझदार आदमी की तरह बात की थी , जिसका फर्ज था तुम्हें आगाह करना, लेकिन अब मुझमें बस एक आदमी रह गया है – वह आदमी, जो तुमसे प्यार करता है। तो फिर बोलो मुझे क्या करना है ? "
आइरीन ने खुश होकर उसके मुँह को अपने होंठों से बंद कर दिया और धीमे से उससे कहा , " यह सच नहीं है प्यारे ! कुछ भी नहीं हुआ है! मेरे पति कोई शक नहीं करते , लेकिन मैं देखना चाहती थी , मैं जानना चाहती थी कि तुम क्या करोगे ? मैंने हसरत की थी नए साल के तोहफे की तुम्हारे दिल की , उस हार के अलावा एक और तोहफे की , जो तुमने अभी – अभी मुझे भेजा है। तुमने वह तोहफा मुझे दे दिया है। शुक्रिया! शुक्रिया ! ईश्वर का धन्यवाद है, उस खुशी के लिए जो तुमने मुझे दी है! "
"अब मछलियों की बारी है!"
फिर वह अपने घर की ओर चल पड़ा।
अचानक उसकी नजर गजन मछलियों से भरे जाल पर पड़ी, जो अब भी घास पर पड़ी थीं। उसने मछलियों को उठाया और कुछ पल मुस्कुराने के बाद आवाज लगाई –"विलहम!"
आवाज सुनते ही सफेद एप्रिन पहने एक सिपाही दौड़कर आया। प्रूसियन अफसर ने मछलियों को उसकी तरफ उछालते हुए कहा –
"इससे पहले कि ये मर जाएँ, इन्हें मेरे लिए तलकर लाओ, आज इन्हें खाकर

मजा आ जाएगा।"
एक बार फिर उसने पाइप पीना शुरू कर दिया।

नये साल का तोहफा

जाक द रैंडल ने घर पर अकेले ही खाना खाया और फिर अपने नौकर को जाने के लिए बोलकर , वह एक मेज पर चिट्ठियाँ लिखने बैठ गया।

हर साल का अंत वह ऐसे ही करता था। वह पत्र लिखता था और सपने देखता था। वह एक तरह से अपने लिए उन चीजों का पुनरावलोकन करता था, जो पिछले नए साल के रोज से अब तक हुई थीं, जो अब बीत चुकी थीं और खत्म हो चुकी थीं। जैसे–जैसे उसके दोस्तों के चेहरे उसकी आँखों के आगे आते–जाते थे, वह उन्हें कुछ पंक्तियाँ लिखता था, पहली जनवरी की हार्दिक गुड मॉर्निंग कहता था।

इस बार भी वह लिखने बैठ गया। उसने एक दराज खोली, उसमें से एक औरत की फोटो निकाली, कुछ देर तक उसे एकटक देखता रहा और फिर उसे चूम लिया। उसे एक कागज के पास रखकर उसने लिखना शुरू किया–

मेरी प्यारी आइरीन, अब तक तुम्हें मेरी भेजी वह छोटी सी निशानी मिल गई होगी। आज शाम मैंने अपने आपको बंद कर रखा है, ताकि मैं तुम्हें यहाँ बता सकूँ।

यहाँ आकर कलम रुक गई, जाक उठ गया और कमरे में इधर से उधर टहलने लगा। पिछले छह महीने से उसकी एक प्रियतमा थी। वह दूसरों जैसी प्रियतमा नहीं थी। वह कोई थिएटर की दुनिया की या बदचलन मंडली की कोई औरत भी नहीं थी, जिसके साथ यों ही चलताऊ संबंध बन जाते हैं। वह तो एक ऐसी औरत थी, जिसे उसने प्यार किया था और जिसे वह जीता था। अब वह नौजवान नहीं रह गया था, हालाँकि अपेक्षाकृत अभी भी जवान था। वह जिंदगी को गंभीरता से, सकारात्मक और व्यावहारिक भाव से लेता था।

उसी के अनुसार वह अपनी प्रणय भावनाओं का लेखा–जोखा रखता था, जैसे वह खत्म हो जाने वाले या शुरू होने वाले नए दोस्ताना संबंधों का लेखा–जोखा रखता था। अपने जीवन में आए व्यक्तियों और हालात का लेखा जोखा रखता था कि क्या खोया, क्या पाया? प्यार का उसका पहला जोश कुछ हलका हो गया था, इसलिए उसने किसी बनिए की तरह सटीक गुणा–भाग करते हुए अपने आपसे यह पूछा कि उस औरत के संबंध में उसके दिल की क्या हालत थी और उसने यह अनुमान लगाने की भी कोशिश की कि भविष्य में क्या होगा। उसे अपने दिल में बहुत ज्यादा और गहरा स्नेह मिला, जिसमें कोमलता थी, कृतज्ञता थी और थीं हजार बारीकियाँ, जो लंबे और सशक्त लगावों को जन्म देती हैं।

तभी घंटी बजी और वह चौंक गया। वह थोड़ा हिचकिचाया। क्या उसे दरवाजा खोल देना चाहिए? लेकिन उसने सोचा कि यह उसका कर्तव्य है कि वह ऐसे किसी भी अजनबी के लिए नए साल की इस रात को अपना दरवाजा खोल दे, चाहे वह कोई भी हो।

इसलिए उसने एक मोमबत्ती ली, आगे वाले कमरे से होता हुआ गया, सिटकनी हटाई, चाबी घुमाई, दरवाजा खोला और देखा कि सामने दीवार से टिकी उसकी प्रियतमा खड़ी थी। वह मुरदे सी पीली पड़ रही थी।

उसने भटकते हुए कहा, " क्या हुआ तुम्हें?"

उसने जवाब दिया, "अकेले हो?" "हाँ।"

"नौकर तो नहीं है?" "नहीं।"

"बाहर तो नहीं जा रहे हो?" "नहीं।"

वह इस तरह से घुसी जैसे घर से परिचित हो। बैठक में पहुँचते ही वह सोफे में धंस गई और हाथों से मुँह ढाँपकर बुरी तरह से रोने लगी।

वह उसके कदमों पर घुटनों के बल बैठ गया। उसने उसके हाथ पकड़कर उन्हें उसके चेहरे से हटाया, ताकि उन्हें देख सके। वह बोला, "आइरीन, आइरीन! क्या हुआ तुम्हें? मेहरबानी करके मुझे बताओ कि तुम्हें हुआ क्या है?"

उसने सुबकते हुए धीमे से कहा, "अब मैं इस तरह और नहीं रह सकती।"
उसकी कुछ समझ में नहीं आया।
"इस तरह से तुम्हारा मतलब क्या है?"
"हाँ, अब मैं इस तरह और नहीं रह सकती। बहुत सह चुकी मैं। आज दोपहर बाद उन्होंने मुझे मारा।"
"किसने तुम्हारे पति ने?"
"हाँ, मेरे पति ने।" "अच्छा!"
वह चकित रह गया। उसने कभी शक भी नहीं किया था कि उसका पति वहशी भी हो सकता है। वह व्यावहारिक था, अच्छे तबके का था, क्लब जाता था, घोड़ों का प्रेमी था, थिएटर का शौकीन था और तलवारबाजी में दक्ष थाय हर जगह लोग उसे जानते थे, उसकी बातें करते थे, उसकी तारीफ करते थेय बहुत शिष्ट था वह, लेकिन बुद्धि के मामले में बहुत साधारण है, उसमें तालीम और अच्छी तहजीब की कमी है, जो तमाम सभ्य लोगों की तरह सोचने के लिए जरूरी है। वह अपनी पत्नी के प्रति समर्पित दिखाई देता था जैसा कि दौलतमंद और सभ्य लोगों के मामले में किसी आदमी को करना चाहिए। वह अपनी पत्नी की इच्छाओं, उसकी सेहत, उसके कपड़ों की काफी चिंता करता था, इसके अलावा उसने उसे पूरी तरह से आजाद छोड़ रखा था।
रैंडल, चूँकि आइरीन का दोस्त बन चुका था, इसलिए उसे स्नेहपूर्वक उसका हाथ पकड़ने का अधिकार था, जिसका ऋणी अच्छी तमीज वाला हरेक पति अपनी पत्नी के घनिष्ठ परिचितों के प्रति होता है। और फिर जब जाक कुछ समय तक दोस्त रहने के बाद प्रेमी बन गया तो महिला के पति के साथ उसके संबंध और भी सौहार्द्रपूर्ण हो गए।
जाक ने कभी सपने में भी नहीं सोचा था कि इस घर में तूफान उठेगा। इस अप्रत्याशित जानकारी के उजागर होने पर वह डर गया।
उसने पूछा, "यह हुआ कैसे? बताओ मुझे।"
तब उसने एक लंबी कहानी सुनाई, अपनी जिंदगी की पूरी कहानी, अपनी शादी के दिन से अब तक का पूरा किस्सा। कैसे पहली कहा–सुनी एक बहुत ही मामूली सी बात पर हुई थी, फिर बढ़कर अजनबीपन में तब्दील हो गई थी, जो दो विपरीत किस्म के किरदारों के बीच हर दिन बढ़ता जाता है।
फिर शुरू हुए झगड़े और बिलकुल अलगाव, जो दिखावटी नहीं वास्तविक थे, उसके बाद उसके पति ने अपना उग्र , शक्की और हिंसक रूप दिखाया। अब वह ईर्ष्यालु हो गया था, जाक को लेकर ईर्ष्यालु हो गया था। आज भी तमाशा खड़ा होने के बाद उसने उसे मारा था।

उसने फैसला करते हुए आगे कहा, "मैं वापस वहाँ नहीं जाऊँगी। तुम मेरे साथ जो चाहो करो।" जाक उसके सामने बैठ गया। उनके घुटने आपस में छू रहे थे। जाक ने उसके हाथ अपने हाथों में ले लिये। उसने कहा, "मेरी जान! तुम एक भारी, एक लाइलाज मूर्खता करने जा रही हो। अगर तुम अपने पति को छोड़ना चाहती हो तो गलतियों को एक तरफ कर दो, ताकि तुम्हारी व्यावहारिक महिला वाली छवि बची रहे।"

उसने उसे बेचैनी से देखते हुए कहा, "तो तुम मुझे क्या सलाह देते हो?"

"यही कि तुम घर वापस जाओ और वहाँ तब तक अपनी जिंदगी बिताओ, जब तक तुम इज्जत के साथ उससे अलग न हो जाओ या तलाक न ले लो।"

"तुम यह जो करने की सलाह मुझे दे रहे हो, यह थोड़ी कायरता नहीं होगी क्या?"

"नहीं, यह अकलमंदी है और सही भी। तुम्हें ऊँचा रुतबा, इज्जत बचानी है, दोस्तों को बनाए रखना है और रिश्तों को सँभालना है। तुम्हें महज अपनी सनक में इन सबको खो नहीं देना है।"

वह उठ खड़ी हुई और तमककर बोली, " नहीं, रहने दो! अब मैं इसे और बरदाश्त नहीं कर सकती! यह खत्म हो चुका! खत्म हो चुका है यह सब!"

फिर अपने दोनों हाथ अपने प्रेमी के कंधों पर रखते हुए और सीधे उससे आँखें मिलाते हुए उसने पूछा, "तुम मुझसे प्यार करते हो?"

"हाँ।"

"असल में और सच में?"

"हाँ?" "फिर मुझे रख लो!"

वह बोला, "तुम्हें रख लूँ? मेरे अपने घर में? यहाँ? अरे, तुम पागल हो। इसका मतलब यह होगा कि मैं तुम्हें हमेशा के लिए खो दूंगा, तुम्हें वापस पाने की उम्मीद भी नहीं रहेगी! तुम पागल हो!"

उसने धीमे– धीमे और गंभीर लहजे में उस औरत की तरह जवाब दिया, जो अपनी बातों का वजन समझती है।

"सुनो जाक! उन्होंने मुझे मना किया है कि तुमसे फिर न मिलूँ और मैं तुम्हारे घर चोरी–चोरी आने का यह हास्य नाटक नहीं खेलूँगी। या तो तुम्हें मुझे खोना होगा या मुझे पाना होगा।"

"मेरी प्यारी आइरीन, अगर ऐसी बात है, तब तो तुम तलाक ले लो, मैं तुमसे शादी कर लूँगा।"

"हाँ, तुम मुझसे – जल्दी–से–जल्दी भी करोगे तो – दो साल में शादी कर लोगे। कितना धैर्यवान है न तुम्हारा प्यार।"

"देखो, सोचो! अगर तुम यहाँ रह जाती हो तो कल वह तुम्हें लेने आ जाएगा, क्योंकि वह तुम्हारा पति है, क्योंकि यह उसका हक है और कानून उसकी तरफ है।"

"मैंने तुमसे यह नहीं कहा जाक कि मुझे अपने घर में रखो, तुम जहाँ चाहो मुझे वहाँ ले जाओ। मैं तो सोचती थी कि तुम मुझे इतना प्यार करते हो कि तुम यही करोगे, लेकिन मैं गलत थी। अलविदा!"

वह घूमी और इतनी तेजी से दरवाजे की तरफ गई कि वह जब तक उसे पकड़ पाता, वह कमरे से बाहर जा चुकी थी।

"सुनो, आइरीन!"

वह अपने आपको छुड़ाने लगी। वह अब उसकी बात सुनना ही नहीं चाहती थी। उसकी आँखों में आँसू थे और होंठों पर बस यही शब्द थे कृ मुझे अकेला छोड़ दो! मुझे अकेला छोड़ दो! मुझे अकेला छोड़ दो!"

उसने उसे जबरन बैठा दिया और एक बार फिर उसके कदमों में घुटनों के बल गिरते हुए, उसने उसके सामने कई तर्क रखे, कई सलाहें रखीं, ताकि वह जो करना चाहती थी, उसकी मूर्खता और उसके भयंकर जोखिम को समझ सके। वह उसे समझाने के लिए जो कुछ भी कहना जरूरी समझता था, उसमें उसने कोई कटौती नहीं की। उसके दिल में उसके लिए जो प्यार था, उसकी वजह से वह बाध्य था कि वह उसे मनाए।

वह चूँकि चुप और उदासीन बनी हुई थी तो उसने उससे विनती की, चिरौरी की कि वह उसकी बात सुने, उस पर भरोसा करे और उसकी सलाह माने।

जब वह अपनी बात कह चुका तो उसने बस यह जवाब दिया – "अब मुझे जाने दोगो? अपने हाथ हटाओ तो मैं उठूँ।"

"इधर देखो, आइरीन!"

"मुझे जाने दोगे?"

"आइरीन – क्या तुम्हारा इरादा अटल है?"

"जाने दो मुझे।"

"मुझे बस इतना बता दो कि क्या यह इरादा, तुम्हारा यह मूर्खता भरा इरादा, जिस पर बाद में तुम्हें अफसोस होगा, क्या यह अटल है?"

"हाँ, मुझे जाने दो!"

"तो फिर रुक जाओ। तुम अच्छी तरह जानती हो कि यहाँ तुम बिलकुल घर जैसी हो। हम कल सुबह चल देंगे।"

वह उसकी अवहेलना करती हुई उठ खड़ी हुई और सख्त लहजे में बोली, " नहीं। अब बहुत देर हो चुकी है। मुझे बलिदान नहीं चाहिए। मुझे समर्पण चाहिए।"

"रुक जाओ! मैंने वह किया जो मुझे करना चाहिए थाय मैंने वह कहा जो मुझे कहना चाहिए था। अब मेरी तुम्हारी तरफ से कोई जिम्मेदारी नहीं है। मेरा जमीर शांत है। अब बताओ तुम मुझसे क्या चाहती हो, मैं वही करूँगा।"
वह अपनी जगह पर फिर से बैठ गई, देर तक उसे देखती रही, फिर उसने बड़े शांत स्वर में कहा," फिर, खुलकर बताओ।"
"यह क्या बात हुई? तुम मुझसे क्या खुलकर बताने की इच्छा रखती हो?"
"सबकुछ कृ वह सबकुछ, जो तुमने यह इरादा करने से पहले सोचा होगा, तब मैं देखूँगी कि मुझे क्या करना चाहिए।"
"लेकिन मैंने तो कुछ भी नहीं सोचा। मैं तुम्हें आगाह करना चाहता हूँ कि तुम मूर्खता का काम करने जा रही हो। तुम अड़ी हुई होय तो मैं मूर्खता के इस काम में साझीदारी करना चाहता हूँ और इस पर जोर भी दे रहा हूँ।"
"इतनी जल्दी अपनी राय बदलना स्वाभाविक नहीं होता।"
"सुनो, मेरी जान! यहाँ सवाल बलिदान या समर्पण का नहीं है। जिस दिन मुझे यह अहसास हुआ कि मैं तुमसे प्यार करता हूँ तो मैंने अपने आपसे यह कहा था, जो हरेक प्रेमी को ऐसे मामले में कहना चाहिए कि जो आदमी किसी औरत से प्यार करता है, जो उसे जीतने की कोशिश करता है, जो उसे पाता है और जो उसे लेता है तो जहाँ तक उसका सरोकार है और जहाँ तक उस औरत का सरोकार है, वह एक पवित्र गठबंधन का अनुबंध करता है। ध्यान रहे, यह तुम्हारे जैसी औरत से निपटने का सवाल है, किसी जज्बाती और दब्बू स्वभाव की औरत से निपटने का नहीं।
"शादी की बड़ी सामाजिक अहमियत होती है, बड़ी कानूनी अहमियत होती है, लेकिन जिन हालात में यह आम तौर पर होती है, उसे देखते हुए मेरी नजर में इसकी बहुत ही कम नैतिक अहमियत है।
"इसलिए जब ऐसी कोई औरत, जो इस कानूनी बंधन से तो अपने पति से बँधी होती है, लेकिन उससे कोई लगाव नहीं रखती, क्योंकि वह उससे प्यार नहीं कर सकती। जब ऐसी औरत जिसका दिल कोई बंधन नहीं मानता, जबकि वह औरत किसी ऐसे आदमी से मिलती है, जिसकी वह परवाह करती है और अपने आपको उसे सौंप देती है। जब कोई ऐसा आदमी जिसका कोई और बंध ान नहीं होता, जब वह उस औरत को इस तरह से लेता है तो मैं कहता हूँ कि मेयर के सामने हाँ कहने के मुकाबले वे इस आपसी और स्वतंत्र समझौते से एक–दूसरे के लिए अधिक वचनबद्ध होते हैं।
"मैं कहता हूँ कि अगर वे दोनों इज्जतदार लोग हैं तो उनका मेल अधिक अंतरंग, अधिक वास्तविक, अधिक पुष्ट होगा ही, अपेक्षाकृत तब के जब उसे

तमाम पवित्र संस्कारों से पवित्र किया गया हो।
"यह औरत सबकुछ जोखिम में डाल देती है। यह ठीक इसीलिए होता है, क्योंकि वह यह जानती है, क्योंकि वह सबकुछ दे देती है, अपना दिल, अपना शरीर, अपनी आत्मा, अपनी इज्जत, अपनी जिंदगीय क्योंकि उसने सारे दुखों , सारे खतरों, सारी आफतों को पहले से देख लिया होता हैय क्योंकि वह एक हिम्मत वाला काम करने का एक बहादुरी का काम करने का दुस्साहस करती हैय क्योंकि वह हरेक चीज का सामना करने को तैयार और कृत संकल्प रहती है कृ सामना करने को अपने पति का, जो उसकी जान ले सकता है और सामना करने को उस समाज का, जो उसे बाहर कर सकता है। इसलिए तो वह अपने पति के साथ बेवफाई करने में बहादुरी से काम लेती हैय इसलिए तो उसे लेने में उसके प्रेमी ने भी सबकुछ पहले से देखा ही होगा और सभी चीजों से ज्यादा उसे पसंद किया होगा, चाहे कुछ भी हो जाए। इससे ज्यादा मुझे और कुछ नहीं कहना। शुरू में मैंने एक समझदार आदमी की तरह बात की थी, जिसका फर्ज था तुम्हें आगाह करना, लेकिन अब मुझमें बस एक आदमी रह गया है – वह आदमी, जो तुमसे प्यार करता है। तो फिर बोलो मुझे क्या करना है?"
आइरीन ने खुश होकर उसके मुँह को अपने होंठों से बंद कर दिया और धीमे से उससे कहा, " यह सच नहीं है प्यारे! कुछ भी नहीं हुआ है! मेरे पति कोई शक नहीं करते, लेकिन मैं देखना चाहती थी, मैं जानना चाहती थी कि तुम क्या करोगे? मैंने हसरत की थी नए साल के तोहफे की तुम्हारे दिल की, उस हार के अलावा एक और तोहफे की, जो तुमने अभी–अभी मुझे भेजा है। तुमने वह तोहफा मुझे दे दिया है। शुक्रिया! शुक्रिया! ईश्वर का धन्यवाद है, उस खुशी के लिए जो तुमने मुझे दी है! "

पिता

वह बतीन्यो में रहता था और सरकारी शिक्षा के दफ्तर में क्लर्क की नौकरी करता था। उसे रोज सुबह गध्य पेरिरा के लिए बरा पकड़नी होती थी। बस में उसके सामने एक लड़की बैठती थी, जिससे उसे प्यार हो गया।

वह लड़की भी रोज उसी समय दुकान जाती थी, जहाँ वह नौकरी करता था। वह एक छोटी सी, भूरे बालों वाली लड़की थी। वह दबे हुए रंग वाली उन लड़कियों में से थी, जिनकी आँखों का रंग इतना गाढ़ा होता है कि वे धब्बों जैसी दिखती हैं और उनके जिस्म की रंगत हाथी दाँत जैसी होती है। वह उसे हमेशा उसी सड़क के मोड़ पर आते देखता था। अक्सर ही वह दौड़कर भरी बस को पकड़ती थी और घोड़ों के थमने से पहले ही वह उछलकर सीढ़ियों पर चढ़ जाती थी, फिर अंदर जाकर वह थोड़ी हाँफती हुई सी बैठ जाती थी और इधर–उधर देखने लगती थी। पहली बार जब फ्रांस्वा तेस्ये ने उसे देखा तो उसे लगा था कि उसका चेहरा बेहद खुशगवार है। कभी कभी पुरुषों को ऐसी महिलाएँ मिल जाती हैं, जिसे वह बिना जाने ही एकदम पागलों की तरह अपनी बाँहों में भर लेने की कामना करने लगता

है। वह लड़की मन में दबी उसकी इच्छाओं का, उसकी छुपी चाहतों का, प्यार के उस आदर्श का जवाब थी, जिसे व्यक्ति अनजाने ही अपने दिल की गहराइयों में संजोकर रखता है।

वह उसे एकटक देखता रहता था और चाहकर भी उस पर से अपनी निगाह नहीं हटा पाता था। वह उसके इस तरह देखने से उलझन में पड़ जाती थी और शरमा जाती थी। यह देखकर वह अपनी नजरें उस पर से हटाने की कोशिश करता था, लेकिन न चाहते हुए भी वह हर क्षण बार–बार उस पर अपनी नजरें गड़ा देता था। हालाँकि वह किसी और दिशा में देखने की कोशिश करता था। कुछ ही दिनों में वे एक–दूसरे को जान गए, जबकि उनमें कोई बात नहीं हुई थी। बस जब पूरी भर जाती थी तो वह उसे अपनी सीट दे देता था और खुद बाहर खड़ा हो जाता था। हालाँकि ऐसा करके उसे बड़ा मलाल होता था। अब तक वह इस हद पर आ चुकी थी कि हलका सा मुस्कराकर उसका अभिवादन करने लगी थी। हालाँकि उसके देखने पर वह हमेशा अपनी नजरें झुका लेती थी, फिर भी इस तरह देखे जाने पर वह नाराजगी नहीं जताती थी।

आखिर में उनमें बोलचाल शुरू हो गई। उनके बीच एक तरह की फटाफट अंत. रंगता बन गई थी। यह आधे घंटे की हर दिन की अंतरंगता थी, जो फ्रांस्वा के लिए सचमुच उसकी जिंदगी के सबसे प्यारे आधे घंटों में से थे। बाकी सारे वक्त वह उसी के बारे में सोचता रहता था। दफ्तर में काम के लंबे घंटों के दौरान वह उसी को देखता रहता था। क्योंकि वह वहाँ न होती, फिर भी अडिग याद उसका पीछा करती और उसे सम्मोहित किए रहती थी, जो एक प्रियतमा की छवि हममें छोड़ देती है। उसे ऐसा लगता था कि उस छोटी सी लड़की को पूरा–का–पूरा पाना उसके लिए पागल कर देने वाली खुशी होगी, जो इनसानी समझ के लगभग परे होगी।

अब हर सुबह वह उससे हाथ मिलाती थी और वह उस स्पर्श के अहसास को और उसकी छोटी–छोटी उँगलियों के कोमल दबाव की याद को अगले दिन तक के लिए सँजोकर रख लेता था। वह जैसे कल्पना करता था कि उसने इनकी छाप को अपनी त्वचा पर सँजो लिया है और बाकी सारे समय वह बस के इस छोटे से सफर के लिए आतुरता से प्रतीक्षा करता था, जबकि इतवार उसे दिल तोड़ने वाला दिन लगता था। बहरहाल, इसमें कोई शक नहीं था कि वह उससे प्यार करती थी क्योंकि वसंत के मौसम में एक इतवार उसने वादा किया कि वह अगले दिन उसके साथ जाकर मेजन–लाफीत में लंच करेगी।

वह रेलवे स्टेशन पहले ही पहुँच गई, जिससे फ्रांस्वा को ताज्जुब भी हुआ, लेकिन वह बोली, जाने से पहले मैं तुमसे बात करना चाहती हूँ। हमारे पास बीस मिनट हैं

और मैं तुमसे जो कहना चाहती हूँ, उसके लिए ये काफी से ज्यादा हैं।
वह उसकी बाहों पर झुकी वह काँप रही थी और नजरें झुकाए हुए थी। उसके गाल पीले पड़ रहे थे, लेकिन उसने कहना जारी रखा दृ "मैं नहीं चाहती कि तुम मुझसे धोखा खाओ और मैं तुम्हारे साथ वहाँ तब तक नहीं जाऊँगी, जब तक तुम यह कसम नहीं खाते कि तुम ऐसा कुछ नहीं करोगे कृ कुछ भी नहीं करोगे, जो गलत है।"
अचानक वह पॉपी के फूल जैसी लाल हो गई और आगे कुछ नहीं बोली। उसकी समझ में नहीं आया कि क्या जवाब दे, क्योंकि वह खुश भी था और निराश भी। अपने अंतरमन में तो शायद वह यही चाहता था कि ऐसा ही होना चाहिए, फिर भी रातभर वह ऐसी उम्मीदें बाँधता रहा था कि उसकी नसों में गरम खून दौड़ने लगा था। यह सच था कि अगर उसे पता चलता कि उसका आचरण ठीक नहीं था तो वह उससे कम प्यार करता, लेकिन तब यह उसके लिए बहुत आकर्षक, बहुत मजेदार होता! उसने वे स्वार्थी आकलन कर डाले, जो पुरुष प्यार के मामलों में आम तौर पर करते हैं।
जब वह कुछ नहीं बोला तो वह उत्तेजित स्वर और आँखों में आँसू भरकर फिर बोलने लगी, " अगर तुम मुझे पूरी इज्जत देने का वादा नहीं करोगे तो मैं घर लौट जाऊँगी।"
तब उसने कोमलता से उसका हाथ दबाया और जवाब दिया, "मैं तुमसे वादा करता हूँ कि मैं बस वही करूँगा, जो तुम्हें पसंद है। उसके मन को जैसे तसल्ली मिली, उसने मुसकराते हुए पूछा, तुम सच कह रहे हो? उसने लड़की की आँखों में आँखें डालकर देखा और जवाब दिया, " मैं कसम खाता हूँ।"
"अब तुम टिकट ले सकते हो।" उसने कहा।
सफर के दौरान वे बात भी नहीं कर पाए क्योंकि डिब्बा भरा था और जब वे मेजन–लाफीत पहुँचे तो सेन नदी की तरफ चले गए। सूरज नदी, पत्तियों और घास के मैदान पर भरपूर चमक रहा था और जैसे उसने उनमें अपनी चमक भर दी हो। वे नदी के किनारे–किनारे हाथ में हाथ डालकर चल दिए। वे तट के पास तैरती छोटी–छोटी मछलियों के झुंडों को देखते जा रहे थे। वे खुशी से चहक रहे थे, मानो दिल की उमंग ने उन्हें धरती से ऊपर उठा दिया था।
फिर वह बोली, "कितना मूर्ख समझा होगा तुमने मुझे! "
"क्यों?" उसने पूछा।
"कि मैं ऐसे बिलकुल अकेली तुम्हारे साथ चली आई।"
"बिलकुल नहीं, यह तो बेहद सामान्य बात है।"
"नहीं–नहीं, मेरे लिए यह सामान्य नहीं है, क्योंकि मैं कोई गलती नहीं करना चा.

हती, लेकिन लड़कियाँ इसी तरह गिरती हैं। काश! तुम्हें पता होता कि यह कितना दुर्भाग्यपूर्ण है, हर दिन वही बात, महीने के हर दिन और साल के हर महीने। मैं माँ के साथ बिलकुल अकेली रहती हूँ और उन्होंने बहुत मुसीबत झेली है, जिस वजह से वह बहुत खुशमिजाज नहीं हैं। मैं भरसक कोशिश करती हूँ और सबकुछ के बावजूद हँसने की कोशिश करती हूँ, लेकिन मैं हर बार कामयाब नहीं होती, फिर भी मैंने यहाँ आकर गलती की, हालाँकि तुम तो किसी हाल में भी दुखी नहीं होगे।"

जवाब में फ्रांस्वा ने बड़े प्यार से उसके कान पर चुंबन जड़ दिया, जो उसके सबसे नजदीक था। लेकिन वह चौंककर एकदम से उससे दूर हट गई और अचानक गुस्सा होकर बोली, "अच्छा! फ्रांस्वा जनाब, मुझसे कसम खाने के बाद भी!" और वे वापस मेजन–लाफीत चले गए।

उन्होंने नदी के किनारे चिनार के चार बड़े–बड़े पेड़ों के नीचे दुबके एक होटल पेटी हावर में लंच लिया। हवा, गरमी, सफेद शराब की छोटी बोतल और एक साथ इतने नजदीक होने के अहसास ने उन्हें लाल और उत्पीड़न की अनुभूति से खामोश कर दिया। लेकिन कॉफी के बाद उनकी उत्फुल्लता लौट आई और सेन पार करने के बाद वे उसके किनारे–किनारे ला फ्रेत गाँव की ओर चल दिए। अचानक उसने पूछा, "तुम्हारा नाम क्या है?"

"लुईज।"

"लुईज।" उसने दोहराया और आगे कुछ नहीं कहा। लंबा मोड़ लेकर बहती नदी दूर सफेद मकानों की कतार को नहला रही थी और पानी में उनका अक्स पड़ रहा था। लड़की ने गुलबहार के फूल चुनकर उनका बड़ा सा गुच्छा बना लिया था, जबकि वह खूब दम लगाकर गा रहा था। वह उस जवान घोड़े की तरह उन्मत्त था, जिसे चरागाह में छोड़ दिया गया हो। उनके बाई ओर लताओं से ढकी एक ढलान नदी का अनुसरण कर रही थी। अचानक फ्रांस्वा आश्चर्य से ठिठककर खड़ा हो गया।

"अरे! उधर देखो!" वह बोला।

लताएँ वहाँ जाकर खत्म हो गई हैं और पूरी ढलान को लिलैक की झाड़ियों ने ढक लिया है, जिन पर फूल खिले हैं। यह बैंगनी रंग की झाड़ी है! एक तरह का बड़ा सा गलीचा धरती पर बिछा हुआ था और दो मील से भी ज्यादा दूर गाँव तक पहुँच रहा था। वह भी चकित और आनंदित होकर खड़ी हो गई और बुदबुदाई – "हाय! कितना खूबसूरत है!" एक चरागाह को पार कर वे उस उस ढलुआ पहाड़ी की ओर बढ़ चले, जो हर बरस लिलैक के फूलों से भर जाती है, जो फूल वालों के ठेलों पर सारे पेरिस में बेचे जाते हैं।

एक सँकरा रास्ता पेड़ों के नीचे जा रहा था, वे उसी पर चल दिए और जब वे एक

छोटे से सपाट मैदान पर पहुँचे तो वहीं बैठ गए।

झुंड–की–झुंड मक्खियाँ उनके इर्द–गिर्द लगातार गुंजन करती भिनभिनाती हुई मँडरा रही थीं और सूरज बिलकुल शांत। दिन का चमकीला सूरज उजली ढलानों के ऊपर चमक रहा था और फूलों के उस झाड़ी से एक दमदार गंध, सुवास की एक लहर, फूलों की साँस उनकी तरफ आ रही थी।

दूर कहीं चर्च की घड़ी का घंटा बजा। उन्होंने धीरे से आलिंगन किया, एक–दूसरे को और पास चिपटा लिया। उस चुंबन के अलावा और किसी भी बात से अनजान वे घास पर लेट गए थे। लड़की ने अपनी आँखें बंद कर ली थीं और उसे अपनी बाँहों में जकड़कर बिना सोचे उसे अपने से चिपटा लिया था। उसकी सूझ–बूझ बिफर गई थी और सिर से पाँव तक वह वासना भरी अपेक्षा में डूब गई थी। उसने अपने आपको पूर्णतः अर्पित कर दिया, उसे पता भी नहीं रहा कि उसने अपने आपको उसे समर्पित कर चुकी है, लेकिन जल्दी ही वह होश में लौट आई और उसे एक बड़े दुर्भाग्य का अहसास हुआ। उसने अपना चेहरा अपने हाथों में छिपा लिया और दुःख के मारे रोने–सिसकने लगी।

लड़के ने उसे तसल्ली देने की कोशिश की, लेकिन वह वहाँ से चल देना चाहती थी, लौट जाना चाहती थी और फौरन घर पहुँचना चाहती थी। तेज–तेज कदमों से चलती हुई वह यही कहती रही, हे भगवान! हे भगवान! वह उससे बोला, "लुईज! लुईज! मेहरबानी करके यहाँ रुक जाओ।"

अब उसके गाल लाल थे और आँखें सूनी थीं और जैसे ही वे पेरिस के रेलवे स्टेशन पहुँचे, वह उसे छोड़कर चली गई, गुड बाय भी नहीं कहा।

जब वह अगले दिन उससे बस में मिला तो वह उसे बदली–बदली और पहले से दुबली लगी। उसने उससे कहा, "मैं तुमसे बात करना चाहता हूँ हम बड़ी सड़क पर उतर जाएँगे।"

जैसे ही वे खडंजे पर आए, वह बोली, " हमें एक–दूसरे को अलविदा कहना होगाय कल जो कुछ भी हुआ, उसके बाद मैं तुमसे दोबारा नहीं मिल सकती।"

"लेकिन क्यों?" उसने पूछा।

"क्योंकि मैं नहीं मिल सकती, मैंने गुनाह किया है और मैं उसे दोहराना नहीं चाहती।"

फिर वह उसके आगे गिड़गिड़ाया। वह उसकी चाहत में तड़प रहा था, प्यार की रातों की पूरी आजादी में उसे पूरा–का–पूरा पाने की ख्वाहिश में पागल हो रहा था, लेकिन उसने दृढ़ता से जवाब दिया – "नहीं, मैं नहीं मिल सकती, नहीं मिल सकती मैं।"

वह तो और भी उत्तेजित हो गया। उसने लड़की से शादी करने का भी वादा किया,

लेकिन वह बोली, "नहीं।"

वह उसे छोड़कर चली गई। उसने उसे नहीं देखा। वह उससे मिलने की जुगत भी नहीं कर पाया, क्योंकि उसे उसका पता भी नहीं मालूम था। उसने सोच लिया कि वह उसे हमेशा के लिए खो चुका है, लेकिन फिर नौवें दिन उसके दरवाजे की घंटी बजी। जब उसने दरवाजा खोला तो वह वहाँ खड़ी थी। वह एकदम से उसकी बाँहों में आ गई और उसने आगे कोई विरोध नहीं किया, फिर तीन महीनों तक वह उसकी होकर रही। वह उससे ऊबने ही लगा था कि उसने उसे वह गोपनीय खबर दी, जो किसी औरत के लिए सबसे अधिक कीमत रखती है। उसके बाद तो उसके मन में बस एक ही खयाल और एक ही इच्छा रही कि उस लड़की से किसी भी कीमत पर पीछा छुड़ाए, लेकिन अब वह ऐसा नहीं कर सका, क्योंकि उसकी समझ में ही नहीं आया कि कैसे शुरुआत करे या क्या कहे तो चिंता में भरकर उसने एक निर्णायक कदम उठाया। एक रात उसने अपना ठिकाना बदला और गायब हो गया।

यह झटका इतना जबरदस्त था कि उसने उस आदमी को नहीं ढूँढ़ा, जो उसे छोड़कर भाग गया था, बल्कि अपनी माँ के घुटनों पर गिर पड़ी। उसने माँ को अपनी बदनसीबी के बारे में बता दिया और कुछ महीनों बाद उसने एक लड़के को जन्म दिया।

बरस बीतते गए। फ्रांस्वा तेस्ये बूढ़ा हो चला था लेकिन उसकी जिंदगी में कुछ नहीं बदला। वह नौकरशाहों की वही नीरस, एक ही ढर्रे की जिंदगी जीता रहा, जिसमें न कोई आशा थी और न कोई अपेक्षा। रोज वह उसी समय उठता, उन्हीं सड़कों से जाता, उसी दरबार के पास से होकर उसी दरवाजे से घुसता, उसी दफ्तर में जाता, उसी कुर्सी पर बैठता और वही काम करता था। वह दुनिया में अकेला था। दिन में अपने विभिन्न सहकर्मियों के बीच अकेला और रात में अपने कुँआरों के ठिकाने पर अकेला। वह अपने बुढ़ापे के लिए हर महीने सौ फ्रैंक बचाकर रखता था।

हर इतवार वह (पेरिस के मशहूर शानदार स्थल) शां जे ली जे जाता और वहाँ शानदार लोगों, गाड़ियों और सुंदर औरतों को निहारता था। अगले दिन अपने किसी सहकर्मी को बताता था, कल बोई द ब्लोन से लौटने वाली गाडियों का नजारा बहुत बढिया था। लेकिन एक इतवार की सुबह वह पारे मोंको में चला गया, जहाँ माएँ और दाइयाँ, फुटपाथ के किनारे बैठीं बच्चों को खेलते देख रही थीं। अचानक वह चौंक गया। एक औरत दो बच्चों को हाथ से पकड़े हुए वहाँ से निकली, जिनमें करीब दस बरस का एक छोटा सा लड़का था और चार बरस की एक नन्हीं लड़की, यह वही थी।

वह सौ गज और चहलकदमी करता रहा और फिर भावनाओं के वेग से अवाक्

धम्म से एक कुरसी पर बैठ गया। वह उसे पहचान नहीं पाई थी। इसलिए उसे एक बार फिर से देखने की गरज से वह वापस आया। वह अब बैठी हुई थी। लड़का उसकी बगल में बिलकुल चुपचाप खड़ा था, जबकि लड़की रेत के घरौंदे बना रही थी। वही थीय यह बिलकुल वही थी, लेकिन वह एक भद्र महिला की तरह गंभीर दिख रही थी। वह सादे कपड़े पहने थी और संयत और गरिमाशील दिख रही थी। उसने थोड़ी दूर से उसे देखा, क्योंकि पास जाने की उसकी हिम्मत नहीं हो रही थी। तभी उस लड़के ने अपना सिर उठाया और फ्रांस्वा तेस्ये जैसे काँप गया। यह उसका अपना बेटा थाय इसमें कोई शक हो ही नहीं सकता था। जब उसने उसे देखा तो उसे लगा कि बरसों पहले लिये गए एक फोटोग्राफ में वह जैसा दिखता था, वह नन्हा लड़का वैसा ही है। उसमें वह अपने आपको पहचान पा रहा था। वह एक पेड़ के पीछे छिपा रहा और उसके जाने का इंतजार करता रहा, ताकि उसका पीछा कर सके।

उस रात वह सो नहीं पाया। उस बच्चे का खयाल उसे जोरों से सताता रहा। उसका बेटा! ओह! काश! उसे पता होता, पक्का पता होता, लेकिन वह क्या कर लेता? फिर भी, वह उस मकान में गया, जहाँ वह पहले रहती थी और उसके बारे में पूछा। उसे पता चला कि एक पड़ोसी, सख्त नैतिक उसूलों वाले एक इज्जतदार आदमी को उसकी दुखद स्थिति पर तरस आ गया था, उसने उससे शादी कर ली थी। उसे पता था। फिर भी उसने उससे शादी की थी और उस बच्चे को , फ्रांस्वा तेस्ये के बच्चे को भी अपना लिया था।

वह हर इतवार पारे मोंको में जाता रहा, क्योंकि तब वह हमेशा उसे देखता था और हर बार उसमें पागलों की सी एक अदम्य हरारत उठती थी कि अपने बेटे को अपनी बाँहों में ले, उस पर चंबनों की बौछार कर दे और उसे चुरा ले, उसे ले जाए। उसका अभागा अकेलापन उसे बेहद परेशान करता था। क्योंकि वह एक कुँआरा बुजुर्ग था और उसकी देख–रेख करने वाला कोई नहीं था। वह अपनी मानसिक यातनाओं से परेशान था। वह एक पिता की उस कोमल भावना से भी त्रस्त था, जो ग्लानि, ललक और ईर्ष्या से उपजी थी और अपने खुद के बच्चों को प्यार करने की उस जरूरत से भी, जो कुदरत ने हम सबमें रोपी है। इस तरह आखिर में उसने हताशा भरी एक कोशिश करने का पक्का मन बना लिया। जब वह पार्क में घुसी तो वह उसके पास पहुँच गया और रास्ते के बीचो–बीच खड़े होकर बोला, "मुझे नहीं पहचानतीं तुम?" वह पीला पड़ गया था और उसके होंठ काँप रहे थे। उसने आँख उठाकर उसे देखा। उसके मुँह से भय और आतंक की एक चीख निकली और दोनों बच्चों का हाथ पकड़कर उन्हें घसीटती हुई वहाँ से भाग खड़ी हुई, जबकि वह घर चला आया और फूट–फूटकर रोने लगा।

महीनों बीत गए। वह उसे फिर कभी नहीं देखा। वह रात–दिन परेशान रहता, क्योंकि वह खुद अपने भीतर के पिता का शिकार हो गया था। अगर वह अपने बेटे को चूम भर पाता तो खुशी से मर गया होता। वह खून भी कर सकता था, कोई भी काम कर सकता था, किसी भी खतरे का सामना कर सकता था, कोई भी दुस्साहस कर सकता था। उसने उसे पत्र लिखा, लेकिन उसने जवाब नहीं दिया और करीब बीस खत उसे लिखने के बाद उसकी समझ में आ गया कि उसका संकल्प बदलने की कोई उम्मीद नहीं है। तब उसने उसके पति को पत्र लिखने की हताशा भरा संकल्प किया। जरूरत पड़ी तो वह रिवॉल्वर से निकली गोली खाने को भी बिलकुल तैयार है। पत्र में उसने केवल चंद पंक्तियाँ लिखीं, जो इस प्रकार हैं–

महोदय,

आप मेरे नाम से आतंकित होंगे, लेकिन मैं इतना दुखी हूँ, दुःख में इतना डूबा हुआ हूँ कि मेरी इकलौती उम्मीद आप हैं, इसलिए मैं आपसे यह गुजारिश करने की हिम्मत कर रहा हूँ कि मुझे केवल पाँच मिनट मिलने का मौका दें।

सादर

अगले दिन ही उसे जवाब मिल गया –

कल मंगलवार, पाँच बजे आपका इंतजार रहेगा।

सीढ़ियाँ चढ़ते समय फ्रांस्वा तेस्ये का दिल इतने जोर–जोर से धड़क रहा था कि उसे कई बार रुकना पड़ा। उसके सीने में एक निरानंद और जबरदस्त शोर हो रहा था, जैसे कोई जानवर कुलाँचे मार रहा हो। वह बड़ी मुश्किल से साँस ले पा रहा था और उसे रेलिंग को पकड़ना पड़ रहा था कि वहीं गिर ही न पड़े।

तीसरी मंजिल पर पहुँचकर उसने घंटी बजाई और जब एक नौकरानी ने दरवाजा खोला तो उसने पूछा, "क्या फ्लामेल साहब यहाँ रहते हैं?"

"जी साहब, मेहरबानी करके अंदर आ जाइए।"

नौकरानी उसे बैठक में ले गई। वह अकेला था। वह इस तरह परेशान होकर इंतजार करने लगा, जैसे किसी मुसीबत के बीच में हो। आखिर में एक दरवाजा खुला और एक आदमी अंदर आया। वह लंबा, गंभीर और थोड़ा स्थूलकाय थाय वह एक काला लंबा कोट पहने हुए था। उसने हाथ से एक कुर्सी की तरह इशारा किया। फ्रांस्वा तेस्ये बैठ गया और हाँफते हुए बोला, "जनाब–जनाब! पता नहीं आपको मेरा नाम पता है या नहीं?"

फ्लामेल ने उसे टोकते हुए कहा, "आपको बताने की जरूरत नहीं है जनाब, मुझे पता है। मेरी पत्नी ने मुझे आपके बारे में बता दिया है।"

वह एक भले आदमी के गरिमापूर्ण लहजे में बोल रहा था, जो गंभीर होना चाहता है, उसमें एक इज्जतदार आदमी की सामान्य सी सादगी थी। फ्रांस्वा तेस्ये ने अपनी बात जारी रखी, "देखिए जनाब, मैं यह कहना चाहता हूँ। मैं दुःख, ग्लानि, शर्म से मरा जा रहा हूँ। मैं एक बार, केवल एक बार बच्चे को चूमना चाहता हूँ।"

फ्लामेल ने उठकर घंटी बजाई और जब नौकरानी आई तो उसने कहा, " लुई को यहाँ लाओगी? " वह निकल गई तो वे चुपचाप आमने–सामने बैठे रहे, उनके पास एक–दूसरे से कहने को कुछ नहीं था। वे इंतजार करते रहे, तभी अचानक दस बरस का एक छोटा सा लड़का दौड़ता हुआ कमरे में आया और जल्दी से उस आदमी के पास पहुँचा, जिसे वह अपना पिता मानता था, लेकिन एक अजनबी को देखकर वह रुक गया। फ्लामेल ने उसे चूम लिया और कहा, "अब जाओ और उन साहब को पप्पी दो बच्चे!"

वह बच्चा बड़े सलीके से तेस्ये के पास गया और उसे देखने लगा।

फ्रांस्वा तेस्ये उठकर खड़ा हो गया था। उसने अपने बेटे को देखा तो उसका हैट नीचे गिर गया और वह खुद भी गिरने को हो रहा था, जबकि फ्लामेल एक नाज़ुक अहसास में वहाँ से हट गया था और खिड़की से बाहर देखने लगा था।

बच्चा आश्चर्य में रुका रहा, लेकिन उसने हैट उठाया और अजनबी को पकड़ा दिया। तब फ्रांस्वा ने बच्चे को उठाया और उसके पूरे चेहरे को, उसकी आँखों को, उसके गालों को, उसके मुँह को, उसके बालों को चूमने लगा। बच्चा चुंबनों की उस बौछार से डर गया और उनसे बचने की कोशिश करने लगा। उसने अपना सिर घुमा लिया और अपने छोटे–छोटे हाथों से उसने आदमी के चेहरे को झटके से दूर हटा दिया।

अचानक फ्रांस्वा तेस्ये ने उसे नीचे उतार दिया और रोते हुए गुड बाई! गुड बाई! कहता हुआ कमरे से बाहर भागा, मानो वह कोई चोर हो।

रस्सी का टुकड़ा

बाजार का दिन था। गोदरविल के आसपास की तमाम सड़कों पर किसान अपनी पत्नियों के संग कस्बे की तरफ चले आ रहे थे। पुरुष धीमे–धीमे कदम रखते हुए आगे बढ़ रहे थे। उनका पूरा शरीर उनकी लंबी मुड़ी हुई टाँगों की गति पर आगे को झुक जाता था। कड़ी मेहनत करने से उनकी टाँगें बेडौल हो गई थीं और लगातार बोझ डालने से उनका बायाँ कंधा ऊपर को उठ जाता था और उनकी देह घूम जाती थी। उनकी टाँगें बेडौल हुई थीं गेहूँ की कटाई से, जिसके लिए उन्हें मजबूत पकड़ बनाने के लिए अपने घुटनों को फैलाना पड़ता था। उनकी टाँगें बेडौल हुई थीं देहात के उन तमाम मेहनत वाले कामों से, जो धीरे–धीरे किए जाते थे और जो बेहद कष्टपूर्ण भी थे। उनकी नीली, कलफ लगी कड़क कमीजें ऐसे चमक रही थीं मानो उन पर वार्निश की गई हो। उनके गले और कफ पर छोटी सी सफेद डिजाइन बनी थी और उनके दुबले–पतले शरीर पर फूली हुई वे ऐसी दिख रही थीं, जैसे गुब्बारे हों, जो उन्हें अभी उड़ा ले जाएँगे। उनकी हर एक कमीज में से एक सिर, दो हाथ और दो पैर बाहर को निकले हुए थे।

उनमें से कुछ किसान गाय या फिर बछड़े को रस्सी से बाँधे ले जा रहे थे और उनकी पत्नियाँ उस जानवर के पीछे चल रही थीं। उसकी चाल तेज करने के इरादे से वे जानवर की पिछाड़ी पर एक पत्तेदार डंडी फटकारती जा रही थीं। उनके हाथों में बड़ी–सी टोकरियाँ थमी थीं, जिनमें से मुर्गियाँ या बतखें अपनी मुंडियाँ बाहर निकाले हुए थीं। वे अपने आदमियों से ज्यादा तेजी और फुरती से चल रही थीं। उनके तने शरीर एक हलकी छोटी–सी शॉल में लिपटे थे, जो उनके चपटे सीनों पर पिन से बँधी हुई थी। उनके बाल एक सफेद कपड़े से ढके थे, जो उनके बालों से चिपका हुआ और उसके ऊपर टोपी थी। तभी एक छकड़ा बड़े अजीब ढंग से धड़धड़ाता हुआ वहाँ से गुजरा, जिसमें दो आदमी अगल–बगल बैठे थे। नीचे बैठी एक औरत जोरदार झटकों से बचने के लिए दोनों तरफ से पकड़े हुए थी।

गोदरविल के सार्वजनिक चौक पर भीड़ थी। यह इंसानों और जानवरों का मिला–जुला जमघट था। मवेशियों के सींग, अमीर किसानों के लंबे रोएँदार ऊँचे टोप और किसान औरतों की टोपियाँ झुंड से ऊपर दिखाई दे रही थीं। वहाँ तेज, कर्कश आवाजों से लगातार भयानक शोर हो रहा था, जिसे कभी–कभी किसी देहाती के दमदार फेफड़ों से निकलती हँसी या किसी मकान की दीवार से बँधी किसी गाय के रँभाने की लंबी आवाज पछाड़ देती थी।

उस सब में अस्तबल, डेरी और गंदगी के ढेर, भूसे और पसीने का आभास था, जिसमें पाशविक गंध उठ रही थी, जो किसानों के लिए जानी–पहचानी थी।

ब्रोत का मेत्र होशेकोम अभी–अभी गोदरविल में पहुँचा था, वह अभी सार्वजनिक चौक की तरफ बढ़ ही रहा था कि उसे जमीन पर रस्सी का एक छोटा सा टुकड़ा दिखाई दिया। वह एक सच्चे नॉर्मन की तरह चीजों बर्बाद होना पसंद नहीं करता था। उसने सोचा कि काम की कोई भी चीज हो, उसे उठा लेना चाहिए। सो वह झुका, हालाँकि ऐसा करने में उसे दर्द हुआ, क्योंकि वह गठिया का मरीज था। उसने पतली रस्सी के उस टुकड़े को जमीन से उठा लिया और उसे सावधानी से लपेटने लगा। तभी उसकी नजर काठी आदि साज बनाने वाले मेत्र मलांदै पर पड़ी, जो अपनी चौखट से उसी को देख रहा था। कभी वे दोनों मिलकर साज का कारोबार किया करते थे, लेकिन अब दोनों में खटपट हो चुकी थी, क्योंकि दोनों ही पर्याप्त नफरती थे। मेत्र होशेकोम को शर्म सी महसूस हुई कि उसके दुश्मन ने उसे इस तरह गंदगी में से रस्सी का टुकड़ा उठाते देख लिया है। उसने अपनी पाई हुई चीज को जल्दी से अपनी कुरती के नीचे और फिर अपनी पैंट की जेब में रख लिया, फिर वह इस तरह से दिखावा करने लगा जैसे अभी भी जमीन पर किसी चीज को ढूँढ़ रहा हो, जो

उसे नहीं मिली, फिर वह सिर झुकाए बाजार की ओर चला गया। वह दर्द के मारे दोह हुआ जा रहा था।

जल्दी ही वह शोरगुल करती और धीमे–धीमे आगे बढ़ती भीड़ में गुम हो गया, जो लगातार सौदेबाजी करने में व्यस्त थी। किसान दूध दुह रहे थे, आ–जा रहे थे। वे परेशान थे। उन्हें हमेशा इस बात का डर बना रहता था कि उनके साथ धोखा न हो जाए, उनमें निर्णय करने की हिम्मत नहीं हो रही थी। वे दूध बेचनेवाले की नजर को देख रहे थे, उनकी कोशिश हमेशा यह थी कि उस आदमी की चालबाजी और उस जानवर की खामी को पकड़ लें।

औरतों ने अपनी बड़ी–बड़ी टोकरियाँ अपने पैरों के पास रख ली थीं और अपनी मुर्गियाँ व बतखें बाहर निकाल ली थीं, जो जमीन पर पड़ी थीं। उनके पाँव बँधे हुए थे, उनकी आँखों में दहशत थी, उनकी कलगियाँ सुर्ख लाल थीं।

वे लोगों के बताए दामों को बेरुखी से सुनतीं और भावहीन चेहरा बनाकर अपने दाम बताती थीं, कभी अचानक कुछ रियायत का फैसला करके धीरे–धीरे आगे जाते ग्राहक से चिल्लाकर कहती थीं, ठीक है, मेत्र ओतीर्न, मैं इतने में दे दूंगी।

धीरे–धीरे करके चौक खाली हो गया, फिर जब दोपहर की प्रार्थना की घंटी बजी, तो जो लोग वहाँ कुछ ज्यादा ही देर टिक गए थे, वे अपनी–अपनी दुकानों पर चले गए।

जुर्दे की सराय का बड़ा–सा कमरा लोगों से भरा हुआ था। वे खा–पी रहे थे, क्योंकि बड़ा–सा दालान तमाम तरह की गाडियों से भरा था। वहाँ माल–गड़ियाँ थीं, टमटम थे, छकड़े थे, कूड़ा गड़ियाँ थीं। वे धूल से सनी होने के कारण पीली पड़ गई थीं। उनकी मरम्मत की हुई थी, जिससे उनमें पैबंद लगे थे। उनकी बल्लियाँ दो हाथों की तरह आसमान की ओर उठी हुई थीं या शायद वे जमीन पर टिकी थीं, उनके पिछले हिस्से हवा में उठे थे।

खाने की मेज पर बैठे लोगों के ठीक सामने चमकीली लपटों से भरा आतिशदान था, जिसकी सुखद गरमाहट दाहिनी ओर की कतार में बैठे लोगों की पीठ पर लग रही थी। तीन सीखें घूम रही थीं, जिन पर मुर्गियाँ, कबूतर और बकरे की टाँगें लगी थीं। भट्ठी में भुने बीफ और अच्छी तरह से सिककर सुर्ख भूरी हुई चमड़ी पर टपकते शोरबे की भूख जगाने वाली महक भट्ठी से उठ रही थी, जि. ससे माहौल और भी खुशगवार हो रहा था और सबके मुँह में पानी आ रहा था। सारे कुलीन किसान मेत्र जुर्दे की उस दूकान में ठहरे थे। उनमें सराय चलाने वाला और घोड़ों का सौदागर जूर्दे एक पाजी था, जिसके पास दौलत थी। एक के बाद एक चली खाने की तश्तरियाँ खाली होती गई और यही हश्र सेब की पीली शराब का भी हुआ। हर कोई अपने–अपने बारे में, अपनी खरीद और

बिक्रियों के बारे में बताने लगा। सभी लोग फसलों के बारे में चर्चा करने लगे। मौसम हरी चीजों के लिए तो अनुकूल था, लेकिन गेहूँ के लिए नहीं।

अचानक मकान के सामने दालान में ढोल बजने की आवाज सुनाई पड़ी। कुछ उदासीन लोगों को छोड़, बाकी सब उठ खड़े हुए और दरवाजे या खिड़कियों की ओर दौड़ पड़े। उनके मुँह खाने से अब भी भरे हुए थे और उनके हाथों में रुमाल थे।

मुनादी जब ढोल पीट चुका तो उसने उखड़ती आवाज में कहना शुरू किया– "गोदरविल के बाशिंदों को, और आम तौर पर बाजार में मौजूद सभी लोगों को यह इत्तिला दी जाती है कि आज सुबह नौ और दस बजे के बीच, बेंजविल जाने वाली सड़क पर काले चमड़े का एक बटुआ खो गया है, जिसमें पाँच सौ फ्रैंक और कुछ कारोबारी कागज थे। जिस किसी को भी मिला हो, उससे दरख्वास्त की जाती है कि वह जल्दी–से–जल्दी उसे मेयर के दफ्तर में या मानविल के मेत्र फॉर्च्न हूलब्रेक को लौटा दे, उसे बीस फ्रैंक इनाम में दिए जाएंगे।"

फिर वह आदमी चला गया। ढोल पीटने की भारी ढमढम और मुनादी की आवाज थोड़ी दूरी पर फिर सुनाई दी। फिर वे इस घटना के बारे में बातें करने लगे कि मेत्र हूलब्रेक को उसका बटुआ मिलने की कितनी संभावनाएँ हैं या नहीं।

अब वे खाना खा चुके थे। वे अपनी कॉफी खत्म करने जा ही रहे थे कि दहलीज पर एक पुलिसवाला दिखाई दिया। उसने पूछाकृ" ब्रोत का मेत्र होशेकोम यहाँ है क्या? "

मेज के दूसरे सिरे पर बैठे मेत्र होशेकोम ने जवाब दिया – मैं यहाँ हूँ।"

अधिकारी ने कहा, " मेत्र होशेकोग, क्या तुम मेहरबानी करके मेरे साथ मेयर के दफ्तर चलोगे? मेयर तुमसे बात करना चाहते हैं।"

चकित और परेशान किसान ने ब्रांडी के अपने छोटे गिलास से एक घुट भरा और उठ खड़ा हुआ। सुबह की अपेक्षा अधिक झुके हुए, मुश्किल से कदम बढ़ाते हुए वह उसके साथ चल पड़ा। वह बार – बार कहता जा रहा था कृ यह रहा मैं, यह रहा मैं।

मेयर एक हत्थे वाली कुर्सी पर बैठे उसका इंतजार कर रहे थे। वह उस इलाके के नोटरी थे। वह तगड़े थे, गंभीर थे और बातचीत में लच्छेदार जुमलों का इस्तेमाल करते थे।

"मेत्र होशेकोम!" उन्होंने कहा, "तुम्हें आज सुबह बेंजविल जानेवाली सड़क पर खोए मानविल के मेत्र हूलब्रेक के बटुए को उठाते देखा गया था।"

यह सुनकर वह देहाती स्तब्ध रह गया। उसने मेयर को देखा। वह पहले ही दहशत में था कि उस पर शक किया जा रहा था, जबकि उसे खुद उसका

कारण पता नहीं था।

"मैंने! मैंने! मैंने बटुआ उठाया?"

"हाँ–हाँ, तुम्हीं ने।"

"कसम से, मैंने तो इसके बारे में कभी सुना भी नहीं।"

"लेकिन तुम्हें देखा गया।"

"मुझे देखा गया, मुझे? किसने कहा कि उसने मुझे देखा है?"

"साज बनानेवाले मलांदै महाशय ने।"

उस बुजुर्ग को याद आ गया, समझ में आ गया और वह गुस्से से लाल हो गया।

"ओह, तो उसने मुझे देखा था, उस गधे ने मुझे यह रस्सी उठाते देखा था, मेयर साहब!" और अपनी जेब से टटोलकर उसने रस्सी का वह छोटा टुकड़ा निकाला।

लेकिन मेयर ने अविश्वास जताते हुए सिर हिला दिया।

"तुम मुझे यह विश्वास नहीं करा सकते, मेत्र होशेकोम कि मलांदै महाशय ने, जो विश्वास के योग्य है, उसने इस रस्सी को गलती से बटुआ समझ लिया।"

किसान ने गुस्से में अपना हाथ ऊपर किया, अपनी इज्जत की पुष्टि के लिए एक तरफ को थूका, और फिर वही कहा, "फिर भी ईश्वर की कसम, सच्चाई यही है, पवित्र सच्चाई, मेयर साहब! मैं अपनी आत्मा और अपने मोक्ष की कसम खाकर फिर से कहता हूँ।"

मेयर ने आगे कहा, " उस चीज को उठाने के बाद, तुम एक लट्ठे की तरह खड़े रहे और देर तक मिट्टी में देखते रहे थे कि कहीं कोई पैसा गिर तो नहीं गया।"

वह भलमानस बुजुर्ग गुस्से और भय से अवाक रह गया।

"कोई कैसे बोल सकता है? कोई कैसे बोल सकता है? कैसे बोल सकता है कोई, ऐसा झूठ किसी ईमानदार आदमी की इज्जत बिगाड़ने को! आखिर कैसे?"

उसके विरोध करने का कोई फायदा नहीं था, किसी ने उस पर विश्वास नहीं किया। उसका सामना महाशय मलांदै से कराया गया, जिसने अपनी बात को ही दोहराया और उसी की पुष्टि की। वे एक घंटे तक एक–दूसरे को बुरा–भला कहते रहे। मेत्र होशेकोम के अनुरोध पर खुद उसकी तलाशी ली गई और उसके पास कुछ भी नहीं निकला।

अंत में बेहद परेशान मेयर ने उसे यह कहकर छोड़ दिया कि आगे के आदेश के लिए उसे सरकारी अभियोजक से संपर्क करना होगा।

यह खबर चारों ओर फैल चुकी थी। वह बुजुर्ग जब मेयर के दफ्तर से निकला तो लोगों ने उसे घेर लिया और गंभीरता से या मजाक से उत्सुकता में उस पर सवालों की झड़ी लगा दी, जिसमें कोई गुस्सा नहीं था। वह रस्सी की

कहानी सुनाने लगा, लेकिन किसी ने उस पर विश्वास नहीं किया। वे उस पर हँसने लगे।

वह चलता गया। वह अपने दोस्तों को रोकता और शुरू कर देता अपनी बातों और विरोधों का अंतहीन सिलसिला। वह अपनी जेबें उलटकर दिखाता, यह साबित करने के लिए कि उसके पास कुछ भी तो नहीं है।

वे कहते – "बूढ़े पाजी, निकल जा!"

इस पर वह गुस्सा हो जाता, खीझ जाता और परेशान हो जाता कि उस पर विश्वास नहीं किया जा रहा है। उसकी समझ में नहीं आ रहा था कि क्या करे ? वह बार– बार अपनी बात दोहराए जा रहा था।

रात हो गई। अब उसे वहाँ से चल ही देना चाहिए। उसने तीन पड़ोसियों के साथ अपना रास्ता पकड़ा। उसने उन्हें वह जगह दिखाई, जहाँ से उसने रस्सी का वह टुकड़ा उठाया था, सारे रास्ते वह उस अनहोनी के बारे में बोलता रहा। शाम को वह ब्रोत गाँव की ओर मुड़ा, ताकि सबको इस बारे में बता सके, लेकिन किसी ने उस पर विश्वास ही नहीं किया। इससे रात में उसकी तबीयत खराब हो गई।

अगले दिन दोपहर लगभग एक बजे ईमैनविल के किसान मेत्र ब्रेटन के पास भाड़े पर काम करनेवाले मार्युस पामेल ने मानविल के मेत्र हुलब्रेक का बटुआ और उसमें रखी चीजें लौटा दीं।

उसने बताया कि यह सड़क पर मिला थाय लेकिन क्योंकि उसे पढ़ना नहीं आता था तो उसने इसे ले जाकर अपने मालिक को दे दिया था।

यह खबर पूरे आस–पड़ोस में फैल गई। मेत्र होशेकोग को इस बारे में बताया गया। वह फौरन उठा और उसने घूम–घूमकर अपनी कहानी दोहरानी शुरू कर दी, जिसका अंत सुखद था। वह जीत की मुद्रा में था।

मुझे इस बात से इतना दुख नहीं हो रहा है, जितना कि झूठ बोले जाने से। इससे शर्मनाक बात कोई और नहीं हो सकती कि आपको एक झूठ की वजह से शक के घेरे में रखा जाए।

सारा दिन वह अपने साथ हुई उस अनहोनी की बातें करता रहा। उसने बड़ी सड़क पर उन लोगों को बताया, जो वहाँ से गुजर रहे थे। उसने शराब की दुकान पर उन लोगों को बताया, जो वहाँ पी रहे थे और अगले इतवार उसने उन लोगों को बताया, जो चर्च से बाहर आ रहे थे। उसने अजनबी लोगों को रोक–रोककर इस बारे में बताया। अब वह शांत था, फिर भी कोई बात थी जो उसे परेशान कर रही थी, लेकिन उसे ठीक–ठीक पता नहीं था कि वह क्या बात थी। लोग सुनते और उसे मजाक में लेते थे। उन्हें उसकी बात पर विश्वास नहीं

होता था। उसे शायद लग गया था कि उसकी पीठ पीछे बातें बनाई जा रही हैं। अगले सप्ताह मंगलवार को वह यह सोचकर गोदरविल के बाजार में गया कि उसे इस विषय में बात जरूर करनी चाहिए।

मलांदै अपने दरवाजे पर खड़ा था। वह उसे वहाँ से जाते देख हँसने लगा। क्यों?

वह क्रेकेतो से आए एक किसान के पास गया और उसे अपनी कहानी सुनाने लगा, लेकिन उस किसान ने उसे अपनी बात भी पूरी नहीं करने दी और उसके पेट पर हाथ मारकर उसके मुँह पर ही कह दिया – "बड़े पाजी हो तुम!" और उसकी तरफ पीठ फेर ली।

मेत्र होशेकोम चकरा गया। उसे बड़ा पाजी क्यों कहा जा रहा है?

अब वह जुर्दे की सराय में मेज पर बैठ गया तो उसने उस मामले पर सफाई देनी शुरू की, तभी मोनविलियर्स से आए घोड़े के एक सौदागर ने उसे पुकारकर कहा, " चलो– चलो, बूढ़े ठग, यह पुरानी चाल हैय मुझे तुम्हारे रस्सी के टुकड़े के बारे में सब पता है।"

होशेकोम की जबान लड़खड़ा गई। उसने हकलाते हुए कहा, " लेकिन वह बटुआ तो मिल गया।"

लेकिन उस आदमी ने जवाब दिया, "चुप हो जाओ, एक वह है जिसे मिलता है और एक वह है जो बताता है। जो भी हो इसमें तुम शामिल तो हो ही।"

किसान अवाक् खड़ा रह गया। उसकी समझ में आ गया। वे उस पर यह दोष लगा रहे थे कि उसने अपने गुनाह के साथी, गुनाह के साझीदार से वह बटुआ वापस करवाया था। उसने विरोध करने की कोशिश की। मेज पर बैठे सभी लोग हँसने लगे। वह अपना खाना भी खत्म नहीं कर पाया और लोगों के तानों के बीच वहाँ से चला गया।

वह शर्म और क्रोध की स्थिति में घर पहुँचा। वह क्रोध और भ्रम से अवाक था, उसका गला रुंध रहा था। वह और भी निराश था कि उस पर जो दोष लगाया गया था, उसकी नॉर्मन चतुराई उसमें समर्थ थी। उसके लिए, उसी भ्रमित स्थिति में अपनी निर्दोषता साबित करना असंभव था, क्योंकि उसका छल उजागर हो गया था। शक की इस नाइंसाफी से उसके दिल को धक्का लगा।

उसने उस अनहोनी के बारे में फिर से बताना शुरू कर दिया। हर दिन उसका इतिहास और लंबा हो जाता। हर बार उसमें वह नए कारण और अधिक जोश भरे विरोध, और अधिक गंभीर कसमें जोड़ता गया, जिन्हें उसने अपने एकांत के क्षणों में सोचा और तैयार किया था। उसका पूरा दिमाग ही रस्सी की कहानी में रम गया था। अब उस पर और भी कम विश्वास किया जाता था, क्योंकि

उसका बचाव और अधिक पेचीदा था और उसका तर्क और अधिक सूक्ष्म था। ये सब झूठे बहाने हैं! लोग उसकी पीठ पीछे कहते थे।

उसे यह सब बुरा लगा, अंदर–ही–अंदर वह इसे लेकर घुलता रहा और बेकार की कोशिशों में उसने अपने आपको गला लिया। लोगों के देखते–ही–देखते वह क्षीणकाय हो गया।

दिल्लगीबाज अब मजे लेने के लिए उससे रस्सी के बारे में बताने को कहते, जैसे वे किसी मुहिम से लौटे सिपाही से उसकी लड़ाइयों के बारे में बताने को कहते हैं। उसके दिमाग पर इसका गहरा असर हुआ और वह कमजोर होने लगा।

दिसंबर खत्म होते–होते वह बिस्तर से लग गया।

जनवरी की शुरुआत में उसकी मौत हो गई और मौत से जूझते हुए, उन्माद की हालत में वह अपने निर्दोष होने का दावा करता रहा, वह बार– बार यही कहता रहा –रस्सी का टुकड़ा, रस्सी का टुकड़ा, देखिए यह रहा, मेयर साहब!

राजनृत्य

महान विपत्तियाँ मुझ पर कोई असर नहीं डालतीं। जेन ब्रेडले ने कहा था। वह कुँआरा था और समझा जाता है कि शक्की मिजाज का भी था। मैंने लड़ाई का मैदान निकट से देखा है। बिना किसी दुख या पश्चात्ताप के मैं शवों पर से गुजर गया हूँ। प्रकृति अथवा मनुष्य द्वारा किये गये भीषण अत्याचार हममें डर और घृणा पैदा कर सकते हैं। मगर वे हमारे दिल में हमेशा बने नहीं रह सकते। इसके उलट कुछ बेहद तुच्छ पीड़ा पहुँचानेवाली घटनाएँ व्यथित कर देते दती हैं।

किसी माँ के लिए सबसे बड़ा दुख है उसके बच्चे की मौत और किसी आदमी के लिए उसकी माँ की मौत। यह दुख बहुत ही भयानक और दिल दहलानेवाला होता है। यह उस दुखी आदमी को तोड़ देता है और तबाह कर देता है। मगर फिर भी आदमी अन्ततः इससे उबर आता है। ठीक वैसे ही, जैसे रिसता घाव अन्ततः ठीक हो जाता है। मगर फिर भी कई बार कुछ लोगों के साथ ऐसी मुलाकातें हो जाती हैं – कुछ अर्धप्रकट दुख अथवा भाग्य के कुछ ऐसे छल – जो हमारे अन्दर विचारों की एक दुखभरी दुनिया जगा देती हैं। ऐसे क्षण अनायास ही मानसिक कष्टों का एक रहस्यमय जगत हमारे सामने रख देते

हैं – उलझन भरा, जो अत्यन्त हलका होने के कारण बेहद गहरे तक उतर जाता है, और चूँकि उसे वर्णित नहीं किया जा सकता, इसलिए उसका एहसास उतना ही तीखा भी होता है। इस तरह की बातें दिल में उदासी छोड़ जाती हैं और मोहभंग का एहसास भी दे जाती हैं, जिससे हम जल्दी नहीं उबर पाते। मेरे दिमाग में अब भी दो–तीन घटनाएँ बेहद स्पष्ट हैं, जिन पर कदाचित दूसरे लोग ध्यान भी न देते, मगर जिन्होंने मुझे बुरी तरह बींध दिया है।

शायद आप न समझ सकें कि इन छोटे–छोटे अनुभवों से ऐसी भावनाएँ क्यों पैदा होती हैं। मैं आपको केवल एक उदाहरण दूँगा – एक बहुत पुराना उदाहरण, मगर इतना ताजा, जैसे कल ही घटित हुआ हो। मेरे अन्दर यह जो भावनाएँ पैदा करता है, सम्भव है, वह मेरी कल्पना के कारण ही हो।

मेरी उम्र इस समय पचास की है। यह घटना तब घटित हुई थी, जब मैं जवान था। मैं कानून का विद्यार्थी था... स्वप्निल और उदास। मुझे शोर–शराबेवाले कैफे या हल्ला–गुल्ला मचानेवाले साथी छात्र अथवा बेवकूफ लड़कियाँ कतई पसन्द नहीं थीं। मैं सुबह जल्दी उठता था। सुबह आठ बजे जार्दिन ट्यू लक्जेम्बर्ग के बगीचे में अकेले घूमना मुझे पसन्द था।

यह बगीचा बहुत पुराना था। यह अठारहवीं सदी के किसी भूले–बिसरे बगीचे की तरह था। बिल्कुल किसी बूढ़े, कोमल चेहरे की सुन्दर मुस्कान जैसा। घनी झाड़ियों और पत्तियों को माली सदा काट–तराश कर रखता था। बीच–बीच में फूलों की कतारें थीं, जो स्कूल जाने वाली लड़कियों की दोहरी कतारों अथवा फूलों के पेड़ों की करीने से लगी कतारों की तरह लगती थीं।

इस बगीचे के एक कोने में मधुमक्खियों का छत्ता था। उनके छत्ते लकड़ी के तख्तों पर जमे हुए थे और उनके प्रवेश–द्वार सूरज की ओर थे। पूरे बागीचे की सँकरी पगडण्डियों पर सुनहरी मधुमक्खियाँ गुनगुनाती रहती थीं। वे उस शान्त रास्तों की असली मालिक थीं।

मैं वहाँ लगभग हर सुबह जाता था। एक बेंच पर मैं पढ़ने बैठ जाता। कभी–कभी मैं किताब को घुटनों पर गिर जाने देता और दिवास्वप्नों में खो जाता। मेरे चारों ओर पेरिस का कोलाहल होता और मैं उस पुरानी दुनिया के लता–कुंजों का आनन्द लेता रहता।

मगर शीघ्र ही मुझे पता चला कि मैं ही एकमात्र ऐसा व्यक्ति नहीं था, जो बगीचे के दरवाजे खुलते ही वहाँ पहुँच जाता था। झाड़ियों के पास से मुड़ते हुए कभी–कभी मेरा सामना एक अजीबोगरीब बूढ़े से हो जाता था। वह तस्में बँधे जूते, लम्बी नसवारी रंग का कोट और मफलर पहने रहता था। और उसके सिर पर एक चौड़ा–सा हैट होता था।

वह बहुत दुबला–पतला व्यक्ति था और हमेशा मुस्कराता रहता था। उसकी चमकीली आँखें फड़फड़ाती रहती थीं और पलकों के नीचे चारों ओर घूमती नजर आती थीं, उसके हाथ में हमेशा सोने की मूठवाली छड़ी रहती थी, जो जरूर कोई पुरानी यादगार रही होगी।

शुरू–शुरू में तो मुझे उस बूढ़े को देखकर बड़ा आश्चर्य हुआ, पर बाद में मैं उसमें बहुत रुचि लेने लगा। पत्तियों की दीवार के बीच से मैं उसे देखा करता, कुछ दूर रहकर उसका पीछा करता, और मोड़ों पर मैं रुक जाता, ताकि वह मुझे देख न सके।

एक सुबह की बात है कि यह सोचकर कि वह वहाँ एकदम अकेला है, उसने कुछ अजीबोगरीब हरकतें करनी शुरू कर दीं। पहले तो वह काफी देर तक उछलता–सा रहा, उसके बाद उसने काफी झुककर अभिवादन–सा किया। तब उसकी सींकिया टाँगों ने एक और खूबसूरत प्रदर्शन किया, जिसके बाद उसने बड़े आकर्षक ढंग से घूमना शुरू कर दिया। बड़े अजीब ढंग से वह उछल और काँप रहा था–किसी काल्पनिक दर्शक–समूह की ओर देखकर वह मुसकराता रहा, अपनी बाँहों से कलात्मक हरकतें करता रहा और अपने कठपुतली–से शरीर को मोड़ता–घुमाता रहा। बीच–बीच में वह हवा में ही कुछ शुभेच्छा के शब्द उछालता जाता था। वह नाच रहा था!

मैं अवाक् खड़ा था–सोच रहा था, हममें से कौन पागल है।

मगर तभी अचानक वह रुक गया। स्टेज पर आगे बढ़ते हुए अभिनेता की तरह वह आगे बढ़ा। उसने सर झुकाया और फिर काँपते हाथों को होठों से छुलाकर चुम्बन देता हुआ किसी प्रमुख अभिनेत्री की शालीनता से वह पीछे हट गया। फिर वह अपने रास्ते आगे बढ़ गया।

और तब से मैंने कभी उसे अपनी नजरों से ओझल नहीं होने दिया। और हर सुबह वह अपना अजीबोगरीब प्रदर्शन करता रहा।

मुझे उससे बातचीत करने की तीव्र इच्छा हो आयी। और तब, एक सुबह अभि-ावादन करते हुए मैंने कहा, "कितना सुहाना दिन है, सर!"

उसने सर झुकाते हुए मेरे अभिवादन का उत्तर दिया और कहा, "जी,जी। लगभग वैसा ही सुहाना, जैसा पहले कभी होता था।"

एक सप्ताह में ही हम मित्र बन गये। उसने मुझे अपनी कहानी सुनायी। वह लुई 15वें के समय में ऑपेरा नृत्य–शिक्षक था। उसकी सुनहरी छड़ी उसे कोन्ते दि क्लेरमोन्त ने उपहार में दी थी – नृत्य के विषय को लेकर वह धाराप्रवाह बोलता चला गया।

और तब एक दिन उसने मुझे बताया, "मेरी पत्नी का नाम ला केस्त्रिस है। यदि

आप चाहेंगे, तो मैं उससे आपकी मुलाकात करा दूँगा। लेकिन वह यहाँ केवल दोपहर को आती है। यह बाग ही हमारा एकमात्र मनोरंजन है। हमारा जीवन है। पुराने दिनों की यही एक यादगार है। हम महसूस करते हैं कि यदि यह न होता, तो हम जिंदा न रह पाते। यह पुराना है और शालीन है। मुझे लगता है कि यहाँ मैं उसी हवा में साँस लेता हूँ, जो मेरे जवानी के दिनों से आज तक बदली नहीं है। मैं और मेरी पत्नी पूरी दोपहर यहाँ बिताते हैं। मगर मैं सुबह भी यहाँ आता हूँ। क्योंकि मैं जल्दी उठ जाता हूँ।''

दोपहर का भोजन समाप्त करने के तुरन्त बाद ही मैं लक्जमबर्ग पहुँच गया। शीघ्र ही मैंने देखा कि मेरा मित्र एक बूढ़ी औरत के साथ हाथ में हाथ डाले चला आ रहा है। औरत ने काली पोशाक पहनी हुई थी। हमारा परिचय कराया गया। वह महान नृत्यांगना ला केस्त्रिस थी – राजकुमारों और राजाओं की चहेती। उस रँगीली शताब्दी की नायिका, जिसने विश्व को प्रेम से सराबोर कर दिया था।

हम बेंच पर बैठ गये। मई का महीना था। फूलों की सुगन्ध से वातावरण महक रहा था। गर्म–आरामदेह धूप पत्तियों पर बिखरी हुई थी और हम पर तेज प्रकाश फेंक रही थी। ला केस्त्रिस की काली पोशाक उस प्रकाश में और भी गहरी हो उठी थी।

बाग खाली था, लेकिन दूर से बग्घियों की आवाज सुनाई दे रही थी।

मैंने उस बूढ़े नृत्य–शिक्षक से पूछा, ''आज मुझे बताइए, राजनृत्य क्या होता है?''

वह कुछ चौंका, फिर बोला, ''श्रीमान, राजनृत्य नृत्य भंगिमाओं की रानी है और रानियों की नृत्य भंगिमा है, और अब, जबकि राजा नहीं रहे, तो यह राजनृत्य भी नहीं रहा।''

और तब उसने विस्तार से राजनृत्य के बारे में बताना शुरू किया। मैंने उससे इस नृत्य की भंगिमाओं के बारे में पूछा। उसने मुझे सब कुछ समझाने की चेष्टा की, लेकिन वैसा कर न पाया और उसे दुख होने लगा। वह उदास था और निराश भी। और तब अचानक वह अब तक चुप और गम्भीर बैठी पत्नी की ओर घूमा और उससे कहने लगा, ''एलिजे, क्या तुम इन महोदय को वह राजनृत्य दिखाने को राजी हो? तुम्हारी बहुत कृपा होगी।''

चारों ओर सतर्क दृष्टि से देखती हुई वह उठ खड़ी हुई और बिना एक शब्द भी बोले उसके सामने अपने स्थान पर खड़ी हो गयी।

और तब मैंने एक ऐसा दृश्य देखा, जिसे मैं कभी नहीं भुला सकूँगा।

वे कदम मिलाकर आगे–पीछे नाच रहे थे, जो बड़ा बचकाना लग रहा था। वे एक–दूसरे को देखकर मुस्करा रहे थे, सिर झुका रहे थे, उछल रहे थे। ठीक वैसे ही, जैसे चाबी से चलनेवाली पुरानी गुड़ियों का जोड़ा, जो लगता था, अब

कुछ गड़बड़ा गया है। पर जिसका निर्माण किसी ऐसे कलाकार ने किया होगा, जो अपने समय में काफी सक्षम रहा होगा।

जब मैं उन्हें देख रहा था, तो मेरा हृदय असाधारण संवेदना से भर गया था। मेरी आत्मा में अकथनीय उदासी घिर आयी थी। मेरे मन में बीती हुई सदी की एक दुख भरी याद ताजा हो आयी थी। साथ ही यह सब मुझे एक मजाक–सा लग रहा था। मैं एक साथ ही हँसना और रोना चाहता था।

अचानक ही वे रुक गये। कुछ क्षण तक वे एक–दूसरे के सामने खड़े रहे–अजी. ब–सी नजरें लिये। तब वे एक–दूसरे की बाँहों में डूब गये और सुबकने लगे। तीन दिन बाद मैं वहाँ से रवाना होने वाला था। मैंने फिर उन्हें कभी नहीं देखा। दो साल बाद, जब मैं पेरिस लौटा, तो वह नर्सरी बाग लापता हो चुका था। मैं नहीं समझ पाया कि उस पुराने बाग के बिना, जिससे उन्हें इतना लगाव था, जिसमें वही पुरानी सुगन्ध थी और शानदार पगडण्डियाँ बनी हुई थीं, उनका क्या हुआ होगा?

हो सकता है, वे मर गये हों। या वे अब भी हमारी आधुनिक गलियों में निष्कासितों की तरह भटक रहे हों, और या वे प्रेत बन गये हों, जो किसी कब्रगाह में चाँदनी रात में वही पुराना राजनृत्य कर रहे हों।

उनकी स्मृति अब भी मुझे परेशान कर देती है, यह किसी न भरनेवाले घाव की तरह पीड़ा देनेवाली स्मृति है। मैं नहीं बता सकता कि ऐसा क्यों है – कदाचित आप मुझे मूर्ख कहेंगे!

हीरों का हार

वह उन खूबसूरत और आकर्षक युवतियों में से थीं, जो दुर्भाग्य से कभी–कभी किसी क्लर्क के परिवार में जन्म ले लेती हैं। उसके पास न दहेज था, न आशाएँ थीं, न साधन थे कि कोई उसे समझ सके, सराह सके, प्रेम कर सके, कि किसी पैसेवाले अथवा सम्मानित व्यक्ति से उसकी शादी होय लिहाजा उसकी शादी सार्वजनिक सुचना विभाग के दफ्तर के एक अदने क्लर्क से कर दी गई थी। वह साधारण सी पोशाक में रहती थी, क्योंकि वह अच्छी पोशाक खरीद नहीं सकती थी। वह स्वयं को उपयुक्त स्थान से नीचे पाकर व्यथित थी। क्योंकि महिलाओं की कोई जाति होती नहीं है और न ही कोई वर्ग। परिवार और जन्म के बजाय उनकी सुंदरता, शालीनता और उनका आकर्षण ही काम करते हैं। उनका स्वाभाविक लालित्य, जन्मजात चतुराई और सहज समझ उनकी एकमात्र कुलीनता है, जो साधारणजन की बेटियों को महान महिलाओं के बराबर का दर्जा दिलाती है।

वह हमेशा दुखी रहती, क्योंकि वह महसूस करती थी कि उसका जन्म हर प्रकार की सुख–सुविधाओं और आनन्द पाने के लिए हुआ है। वह अपने अपार्टमेंट की

दुर्दशा, जर्जर दीवारों, टूटी कुर्सियों और फटे–पुराने–गंदे परदों से बेहद दुखी थी। वे सब चीजें, जिन पर उस जैसी हैसियत रखनेवाली किसी अन्य महिला का ध्यान तक नहीं जाता, उसे यातना देतीं, उसे क्रोधित करती थी। उस नाटे अंग्रेज मजदूर पर नजर पड़ते ही, जो उसके घर काम करता था, उसके भीतर वितृष्णा का भाव उत्पन्न होता और विचलित करने वाले निराशाजनक सपने आने लगते। वह भारतीय परदों से सुसज्जित, काँसे की ऊँची मशालों से प्रज्ज्वलित शांत शयनकक्ष के बारे में सोचती और दो वर्दीधारी विशालकाय सेवकों के बारे में, जो बड़ी सी आराम कुर्सी पर, हीटर की गरम हवा में आराम से सोते हैं। वह प्राचीन सिल्क की लटकनों से सजे बड़े ड्राइंग–रूमों के बारे में, सुंदर–सजीले फर्नीचर और उन पर रखी बहुमूल्य कलाकृतियों के बारे तथा स्त्रियों के निजी कक्षों के बारे में सोचती, जिन्हें अंतरंग दोस्तों और प्रख्यात एवं लोकप्रिय पुरुषों के साथ देर रात गप–शप के लिए बनाया गया था, जिनसे सभी महिलाएँ ईर्ष्या करती हैं और जिनका ध्यान वे सभी अपनी ओर आकर्षित करना चाहती थी।

जब वह रात्रि–भोजन के लिए अपने पति के साथ पुराने, गंदे कवर वाली गोल मेज पर बैठती, और जब उसका पति डोंगे का ढक्कन खोलते हुए खुशबू का आनंद लेते हुए जादुई आवाज में कहता, "ओह! गोश्त की बोटी बहुत अच्छी है, बेहतरीन!" और वह सुरुचिपूर्ण स्वादिष्ट डिनर के बारे में, चाँदी की चमचमाती चम्मचों और दीवार पर लगी प्राचीन महान विभूतियों के पोर्ट्रेट तथा दुर्लभ पक्षियों की छाप वाली प्लेटों के बारे में सोचती, वह अद्‌भुत प्लेटों में परोसे लजीज व्यंजनों के बारे में और ट्राउट मछली के गुलाबी मांस या मुर्गा खाते हुए रहस्यमय मुस्कान ओढ़े दबी जुबान से सुनाए जाते शौर्य के किस्सों के बारे में सोचती।

उसके पास न ढंग की पोशाक थी और न ही गहने, कुछ नहीं था! पर उसे किसी और से नहीं, बस उन्हीं चीजों से प्रेम था। उसे लगता था, वह उनके लिए ही बनी है। वह खुश रहना चाहती थी, वह चाहती थी कि वह अच्छी दिखाई दे, ईर्ष्या की पात्र बने, लोग उसे चाहें और उससे प्रणय निवेदन करें।

उसकी एक अमीर दोस्त थी, कॉन्वेंट स्कूल की सहपाठी, वह संपन्न थी, एक ऐसी महिला, जिसके घर जाना उसे बिल्कुल अच्छा नहीं लगता था, क्योंकि जब भी वह उसके घर से लौटती, उसे बहुत पीड़ा होती।

एक शाम उसका पति उत्साह से भरपूर, अपने हाथ में एक बड़ा सा लिफाफा लेकर घर आया।

उसने कहा, "देखो, तुम्हारे लिए कुछ है।"

उसने जल्दी से रैपर खोला, अंदर एक प्रिंटेड कार्ड था। उस पर लिखा था, "सार्वजनिक निर्देश विभाग के मंत्री और मैडम जॉर्ज रंपोन्नेउ अपने आवास पर १८ जनवरी, सोमवार शाम को आयोजित समारोह में श्रीमान और श्रीमती लोइसेल को सम्मानपूर्वक आमंत्रित करते हैं।"

बजाय खुश होने के, अपने पति को उम्मीद के विपरीत उसने तिरस्कार से आमंत्रण को मेज पर फेंक दिया और बड़बड़ाई, "तुम मुझसे क्या चाहते हो?"

"मैंने सोचा तुम खुश होगी। तुम कभी बाहर जाती नहीं हो। और यह एक अच्छा मौका है। बड़ी मुश्किल से मैंने इस आमंत्रण–पत्र को हासिल किया हैकृकुछ लोगों को ही मिल पाया है, उनमें एक खुशनसीब मैं भी हूँ। सारे अफसर वहाँ होंगे।"

उसने खीजकर उसकी तरफ देखा और अधीरता से कहा, "तुम्हें क्या लगता है कि मैं इस तरह की पोशाक में वहाँ जाऊँगी?"

उसने इस बारे में नहीं सोचा थाय वह हकलाया, "क्यों, जो पोशाक तुम थिएटर पहनकर जाती हो, वह मुझे बहुत अच्छी लगती है।"

अपनी पत्नी को रोते हुए देखकर वह हताश और हैरान था। उसकी आँखों के कोर से दो बेशकीमती आँसू उसके मुँह के किनारों पर लुढ़के। वह हकलाते हुए बोला, "क्या बात है? क्या बात है डिगर?"

अपने गहरे विषाद पर त्वरित गति से काबू पाते हुए, अपने गीले गालों को पोंछते हुए, उसने शांत स्वर में कहा, "कुछ नहीं। बस मेरे पास कोई ढंग की पोशाक नहीं है, इसलिए मैं उस समारोह में नहीं जा सकती। यह आमंत्रण तुम अपने किसी साथी को दे दो, जिसकी पत्नी के पास पहनने के लिए अच्छी पोशाक हो।"

उसे निराशा हुई, उसने कहा, "माथिल्डे! अच्छा हम देखते हैं, एक ठीक सी पोशाक कितने में आती है, जो दूसरे मौकों पर भी काम आ जाए, साधारण सी?"

कुछ देर तक वह विचार करती रही, उस राशि में बारे अनुमान लगाती रही, जिसे सुनकर उसका किफायतपसंद पति घबराकर तुरंत इनकार न कर दे। आखिकार, उसने झिझकते हुए कहा, "वैसे, ठीक–ठीक तो मैं नहीं बता सकती, लेकिन मुझे लगता है कि चार सौ फ्रैंक में काम हो जाना चाहिए।"

उसका चेहरा थोड़ा पीला पड़ गया। क्योंकि करीब इतनी ही राशि उसने बंदूक खरीदने के लिए बचाकर अलग रखी थी, ताकि वह अगली गरमियों में नंतेर्रे के मैदान में दोस्तों के साथ शिकार–पार्टी में शामिल हो सके, जहाँ वे रविवार को लार्क पक्षियों का शिकार करने जाते थे। लेकिन उसने कहा, "ठीक है, मैं तुम्हें चार सौ फ्रैंक दूँगा। तुम एक बढ़िया पोशाक खरीद लेना।"

बॉल–डांस का दिन करीब आ रहा था और श्रीमती लोइसेल उदास, चिंतित और

बेचैन लग रही थी। हालाँकि उसकी पोशाक तैयार थी। एक शाम उसके पति ने उससे कहा, "क्या बात है, पिछले तीन दिन से तुम काफी परेशान लग रही हो?"
उसने तुरंत जवाब दिया, "मेरे पास पहनने के लिए न कोई आभूषण है, और न ही कोई कीमती पत्थर। मैं वहाँ बिल्कुल दरिद्र लगूँगी। अच्छा यही रहेगा कि मैं वहाँ न ही जाऊँ।"
उसने बात आगे बढ़ाते हुए कहा, "तुम कुदरती फूल पहन सकती हो। इस मौसम में उनका उपयोग फेशनेबल लगेगा। दस फ्रैंक में दो या तीन शानदार गुलाब आ जाएँगे।"
वह संतुष्ट नहीं हुई।
"नहीं, उन अमीर महिलाओं के बीच गरीब दिखने से अधिक अपमानजनक कुछ भी नहीं है।"
अकस्मात् उसका पति चिल्लाया, "तुम कितनी मूर्ख हो! अरे, तुम अपनी दोस्त श्रीमती फारेस्टियर के पास जाओ और उससे कुछ गहने उधार ले लो। तुम उसकी अच्छी दोस्त हो, वह तुम्हें कभी मना नहीं करेगी।"
वह खुशी के मारे चीख उठी, "यह सही है। मैंने इस बारे में कभी सोचा ही नहीं।"
अगले दिन वह अपने दोस्त के घर गई और अपनी व्यथा सुनाई। श्रीमती फारेस्टियर ने काँच के पलड़ों वाली अलमारी खोली, वह उसमें से गहनों का एक बक्सा निकाल लाई, उसे खोला और श्रीमती लोइसेल से कहा, "डियर, इनमें से पसंद कर लो।"
उसने सभी गहने देखे, पहले कुछ कंगन, फिर मोतियों का हार, फिर वेनिस का क्रॉस, बढ़िया कारीगरी के कीमती स्टोन। उसने उन्हें आईने के सामने पहनकर देखा, हिचकिचाई, कोई अंतिम फैसला नहीं कर पाई। बस पूछती रही, "तुम्हारे पास और गहनें हैं क्या?"
"हाँ हैं, इन्हें देखो। मैं तुम्हारी पसंद के बारे में नहीं जानती।"
अचानक उसे एक काले रंग के साटन के बॉक्स में, हीरों का एक शानदार हार दिखाई दिया, और उसका दिल उत्कंठा से तेजी से धड़कने लगा। जब उसने उसे उठाया, उसके हाथ काँप रहे थे। उसने उसे अपनी हाई–नेक की पोशाक के ऊपर गले पर बाँध दिया। और आईने में स्वयं को देखकर हर्षोन्माद से अभिभूत हो गई।
फिर उसने हिचकिचाते हुए पूछा, उसका स्वर वेदना से भीगा हुआ था, "क्या तुम मुझे यह उधार दे सकती हो, सिर्फ यह?"
"क्यों नहीं, निश्चित रूप से।"
वह अपनी दोस्त की गरदन पर झूल गई, उसे भावुकता के साथ चूमा, फिर

अपनी अमूल्य निधि के साथ चली आई।

आखिकार बॉल–डांस का दिन आया। वहाँ उपस्थित सभी महिलाओं के बीच श्रीमती लोइसेल शालीन, रमणीय, मुस्कराती, खुशी से पागल, सबसे सुंदर लग रही थी। सभी पुरुष उसकी ओर आकर्षित थे, उसका नाम पूछ रहे थे, उसकी निकटता पाना चाह रहे थे। कैबिनेट के सभी सहचारी उसके साथ वाल्ट्ज डांस करना चाहते थे। यहाँ तक कि मंत्री महोदय का ध्यान भी उसकी ओर गया था। वह खुशी के नशे में चूर पूरे उत्साह और जुनून के साथ नाची, सब कुछ भूलते हुए, अपनी खूबसूरती के विजयोल्लास में, अपनी सफलता की प्रतिष्ठा में, एक प्रकार के परमानंद के घटाटोप में जिसकी संरचना इस समस्त आदरभाव से, इस ढेर सारी प्रशंसा से, इस समस्त कामनाओं और उस संपूर्ण विजय–भाव से हुई थी, जो महिलाओं के दिल को बहुत पसंद होता है।

वह सुबह चार बजे बाहर आई। उसका पति आधी रात से तीन और सज्जनों के साथ, जिनकी पत्नियाँ भी बॉल–डांस का आनंद ले रही थीं, एक छोटे से सुनसान गलियारे में सो रहा था।

उसने उसके कंधों पर शॉल रख दी, जिसे वह साथ लाया था, एक साधारण शॉल, जिसकी दरिद्रता उस बॉल–ड्रेस के ठीक विपरीत थी। उसने इस बात को महसूस किया, वह इससे बचना चाहती थी, ताकि दूसरी अमीर महिलाओं का ध्यान उसकी ओर न जाए, जिन्होंने फर की महँगी शॉल ओढ़ी हुई थी।

लोइसेल ने उसे रोक लिया।

"थोड़ा इंतजार करो। तुम्हें बाहर ठंड लग जाएगी। मैं जाकर कैब ले आता हूँ।"

लेकिन उसने नहीं सुना और तेजी से सीढ़ियाँ उतर गई। जब वे सड़क पर आए, वहाँ कोई वाहन नहीं थाय वे वहाँ खड़े, दूर से गुजरते हर कोचवान को आवाज देते रहे।

आखिकार वे हताश और ठंड में ठिठुरते हुए पैदल–पैदल सीन नदी की ओर बढ़े। घाट के पास उन्हें एक रात में चलने वाली पुरानी खटारा बग्गी मिली। वैसी बग्गियाँ पेरिस में आधी रात के बाद ही दिखाई देती हैं। उसने उन्हें शहीद चौक तक छोड़ दिया। वे फिर वैसी ही उदासी ओढ़े अपने अपार्टमेंट की सीढ़ियाँ चढ़े। श्रीमती लोइसेल के लिए सबकुछ समाप्त हो चुका था। लेकिन वह सोच रहा था कि उसे १० बजे मंत्रालय पहुँचना है।

उसने आईने से सामने खड़े होकर शॉल हटाई, जिसने उसके कंधों को ढक रखा था, ताकि वह अपनी सजधज को, अपने वैभव को फिर से निहार सके। लेकिन यकायक उसके मुँह से एक चीख निकली। उसके गले में हार नहीं था। उसके पति ने, जो अपने कपड़े बदल रहा था, उससे पूछा, "क्या बात है?"

वह पागल सी उसकी ओर बढ़ी, "मुझसे–मुझे मिसेज...का हार खो गया।"
वह व्यग्रता से खड़ा हो गया।
"क्या...कैसे, यह संभव नहीं है!"
फिर उन्होंने उसकी पोशाक की तहों में, शॉल की तहों में, उसकी जेबों में, हर जगह ढूँढ़ा। हार कहीं नहीं मिला।
उसने कहा, "तुम्हें यकीन है, जब तुमने बॉल–रूम छोड़ा, वह तुम्हारे पास था?"
"हाँ, बँगले से निकलते समय मुझे उसके होने का अहसास था।"
"लेकिन, अगर वह सड़क पर गिरता तो उसकी आवाज तुम्हें सुनाई देती, उसे बग्गी में होना चाहिए।"
"हाँ, हो सकता है। क्या तुमने उसका नंबर नोट किया था?"
"नहीं।"
"क्या तुमने उस पर ध्यान दिया था?"
"नहीं।"
वे हक्के–बक्के से एक–दूसरे को देख रहे थे। आखिकार लोइसेल ने अपने कपड़े पहने।
उसने कहा, "मैं पैदल वापस जाऊँगा, उस पूरे रास्ते पर, जहाँ से होकर हम आए थे, शायद हार मिल जाए।"
और वह बाहर चला गया। वह बॉल ड्रेस में ही कुर्सी पर बैठी इंतजार करती रही, बिना किसी उत्साह के, विचारशून्य, बिस्तर पर जाने की उसमें शक्ति नहीं बची थी।
सात बजे के करीब उसका पति लौट आया। उसे कुछ नहीं मिला था।
वह पुलिस मुख्यालयों, अखबारों के दफ्तरों में गया, पुरस्कार का विज्ञापन दियाय वह कैब के ऑफिस भी गया, हर उस जगह, जहाँ उसे थोड़ी सी भी आशा की किरण नजर आई।
वह दिन भर बेसुध हालत में इंतजार करती रही। लॉयलस लटका हुआ चेहरा लिये शाम को घर आया। उसे हार नहीं मिला था। उसने कहा, "तुम अपनी दोस्त को एक पत्र लिखो कि तुम्हारे हाथ से उस हार का बकल टूट गया है, उसे ठीक करवाना होगा। इससे हमें कुछ समय मिल जाएगा।" उसने उसके कहने पर दोस्त को पत्र लिखा।
एक सप्ताह बीत जाने के बाद उन्होंने हार मिलने की आशा छोड़ दी।
लोइसेल, जो इन दिनों में पाँच साल अधिक बूढा हो गया था, ने श्रीमती लोइसेल से कहा, "अब हमारे लिए उस हार की कीमत मालूम करना अत्यंत आवश्यक है।"

अगले दिन वे उस जोहरी के पास गए, जिस हार के बक्से पर उसका नाम लिखा था। उसने अपने बही–खाते टटोले।
"मैडम, उस हार को मैंने नहीं बेचा था। मैंने तो केवल यह बक्सा दिया था।"
फिर वे अपनी याददाश्त के सहारे उसी प्रकार के हार की तलाश में एक जौहरी से दूसरे जौहरी के पास गए। खीज और वेदना ने उन दोनों को घेर लिया था। पैलेस–रॉयल पर एक दुकान में उन्हें एक वैसा ही हार दिखाई दिया, जिसकी उन्हें तलाश थी। उस हार की कीमत चालीस हजार फ्रैंक थी। लेकिन वह उन्हें छत्तीस हजार में मिल सकता था।
उन्होंने जौहरी से उस हीरे के हार को तीन दिन तक नहीं बेचने की गुजारिश की। उनकी यह शर्त भी जौहरी मान गया कि अगर फरवरी के अंत तक उन्हें खोया हुआ हार मिल जाता है, तो वह इस हार को चौंतीस हजार फ्रैंक में वापस ले लेगा।
लोइसेल के पास अठारह हजार फ्रैंक थे, जो उसके पिता उसके लिए छोड़ गए थे। उसने सोचा कि बाकी रकम के लिए कर्ज ले लेगा। उसने कर्ज लिया, एक से एक हजार फ्रैंक, दूसरे के पाँच सौ, किसी से पाँच लुइस और किसी से तीन लुइस। उसने वचन–पत्र लिखकर दिए, पूरे न हो सकने वाले वादे किए, सूदखोरों और भिन्न–भिन्न प्रकार के ऋणदाताओं के चक्कर लगाए। उसने अपना बचा हुआ समूचा जीवन दाँव पर लगा दिया, बरबाद कर देने वाले जोखिम भरे इकरारनामों पर बिना समझे–पढ़े दस्तखत किए। आने वाली विपत्तियों, भौतिक असुविधाओं और सभी मानसिक यातनाओं की संभावनाओं से भयभीत उसने जौहरी के काउंटर पर छत्तीस हजार फ्रैंक रखे और नया हीरों का हार खरीद लिया।
जब श्रीमती लोइसेल ने हार लौटाया, श्रीमती फॉरेस्टियर ने उससे सख्त लहजे में कहा, "तुम्हें उसे जल्दी ही लौटाना चाहिए था। मुझे उसकी आवश्यकता पड़ सकती थी।"
उसने बाक्स नहीं खोला, क्योंकि वह बहुत डर गई थी। अगर उसे हार बदलने का पता लग जाता, वह क्या सोचती, वह क्या कहती? क्या वह श्रीमती लोइसेल को चोर नहीं समझ लेती?
श्रीमती लोइसेल अब एक गरीब के भयावह जीवन को जानती थी। हालाँकि उसने अपनी बदली हुई भूमिका बहुत ही साहस के साथ निभाई। वह भारी कर्ज किसी भी हाल में चुकाना आवश्यक था। वह अवश्य चुकाएगी। उन्होंने नौकर को निकाल दिया, अपना अपार्टमेंट बदल दियाय एक कमरा किराए पर ले लिया।

उसे अहसास हुआ कि घर की साफ–सफाई, देखभाल और रसोईघर के काम का क्या मतलब होता है। वह प्लेटें और चिकने बरतन अपने गुलाबी नाखूनों से साफ करती, वह मैले कपड़े धोती, उन्हें कतार में सुखने को डालती। वह सुबह–सुबह कचरे का बैग लेकर नीचे गली में जाती, बीच–बीच में रुककर साँस लेती हुई। और एक आम गृहिणी की तरह अपनी बाँह में टोकरी लटकाए वह किराने का सामान, फल–सब्जी, गोश्त वगैरह खरीदती, उनसे सौदेबाजी करती, अपमानित होती, एक–एक पैसा बचाने की कोशिश करती।

हर महीने उन्हें कुछ वचन–पत्रों का भुगतान करना होता और कुछ का नवनी. करण कर और समय माँगना पड़ता था।

उसके पति ने शाम के समय व्यापारियों के खातों की नकल करने का काम शुरू कर दिया, वह घर पर भी देर रात काम करता, उसे एक पेज की नकल के पाँच सूस मिलते।

यह जीवन–क्रम दस वर्षों तक चला। दस वर्षों में उन्होंने सारा कर्ज संचित चक्रवृद्धि ब्याज समेत चुकता कर दिया।

श्रीमती लोइसेल अब बूढ़ी दिखाई देने लगी थी। वह एक निर्धन घर–परिवार वाली स्त्री बन गई थी–मजबूत, कठोर और रूखी। बिखरे बालों, तिरछे स्कर्ट और लाल हाथों से फर्श साफ करती हुई, वह ऊँची आवाज में बात करती। लेकिन कभी–कभी, जब उसका पति दफ्तर में होता, वह खिड़की के पास बैठ जाती और उस बॉल–डांस के उन पलों को याद करती, वह कितनी सुंदर, कितनी सम्मानित, कितनी उत्साहित थी!

अगर वह उस हार को नहीं खोती तो क्या होता? कौन जानता है? कौन जानता है? जीवन कितना विलक्षण और परिवर्तनशील है! हमारे तबाह होने या बचने के लिए बस एक छोटी सी वस्तु काफी होती है!

एक रविवार, जब वह सप्ताह भर के घरेलू कामों की व्यस्तता के बाद तरोताजा होने के लिए टहलती हुई चौंप्स–एलिसीस गई, वहाँ अचानक उसकी नजर पर एक महिला पर पड़ी, वह एक बच्चे की उँगली पकड़े घूम रही थी। वह श्रीमती फारेस्टियर थीं, अब भी युवा, अब भी सुंदर, अब भी आकर्षक। श्रीमती लोइसेल ने स्वयं को विचलित महसूस किया। क्या उसे उससे बात करनी चाहिए? हाँ, क्यों नहीं? और अब जब उसने उसका वैसा ही हार खरीदकर दे दिया था, वह उसे सबकुछ बताएगी। क्यों नहीं बताए? वह उसके पास पहुँची।

"गुड मॉर्निंग, जीन!"

उसकी दोस्त, एक साधारण सी महिला के आत्मीय संबोधन से चकित थी, बिल्कुल पहचान नहीं पाई और हकलाते हुए बोली, "लेकिन मैडम, मैं तुम्हें नहीं

जानती हूँ, तुम्हें शायद कोई गलतफहमी हुई है।"
"जीन, मैं माथिल्डे लोइसेल हूँ।"
उसकी दोस्त ने हैरानी से कहा, "ओह! मेरी प्यारी माथिल्डे! तुम कितनी बदल गई हो?"
"हाँ, जब मैं तुम्हें हार लौटाने आई थी, उसके बाद मेरे दिन काफी कठिनाई में बीते, बहुत ही मनहूस दिन और वह सब तुम्हारी वजह से हुआ!"
"मेरी वजह से? भला वह कैसे?"
"तुम्हें वह हीरों का हार याद है, जो तुमने मुझे मंत्रालय की बॉल–डांस पार्टी पर पहनने के लिए दिया था?"
"हाँ, बहुत अच्छी तरह से।"
"हाँ तो, मैंने उसे खो दिया था।"
"तुम क्या कहना चाहती हो? उसे तो तुमने लौटा दिया था।"
"मैंने तुम्हें वैसा ही हार कर्ज की रकम से खरीदकर लौटाया था। और कर्ज चुकाने में हमें दस साल का समय लग गया। तुम समझ सकती हो, यह सब हमारे लिए आसान नहीं था, हमारे लिए जिनके पास कुछ नहीं था। आखिरकार सारा कर्ज चुकता हो गया है, अब मैं खुश हूँ।"
मैडम फारेस्टियर चलते–चलते रुक गई। उसने कहा, "तुम कह रही हो कि तुमने मेरे उस हार के बदले एक हीरों का हार खरीदा था?"
"हाँ, उस समय, तुम्हारा इस पर ध्यान नहीं गया। दोनों बिल्कुल एक जैसे थे।"
और वह खुशी से मुसकराई, जिसमें गर्व भी था, साथ ही निष्कपटता भी।
मैडम फारेस्टियर भीतर तक द्रवित हो गई, उसने उसके दोनों हाथ पकड़ लिये, "ओह! मेरी भोली–भाली माथिल्डे! मेरा वह हार नकली था। उसकी कीमत अधिक–से–अधिक पाँच सौ फ्रैंक होगी।"

शादी और प्रेम

दरख्तों से सरसब्ज पहाड़ी पर पुराने फैशन की एक हवेली थी। ऊंचे और लंबे छायादार पेड़ों की हरियाली उसे घेरे हुए थी। एक विशाल बाग था, जिसके आगे घना जंगल और फिर एक खुला मैदान था। हवेली के सामने की तरफ पत्थर का एक विशालकाय जलकुंड था, जिसमें संगमरमर में तराशी हुई परियां नहा रही थीं। ढलान पर एक के बाद एक कई कुंड थे, जिनमें से पानी की एक धारा अदृश्य फव्वारे की तरह नाचती हुई एक जलप्रपात का आभास देती थी। इस सामंती आवास में एक नाजुक मिजाजी और नफासत को करीने से सहेजा गया था। शंख और सीपियों से सजी एक गुफा में पुराने जमाने की प्रेमकथाएं सोई हुई थीं। एक तरह से कहें तो पूरी हवेली में पुराने वक्त को सहेजकर रखा गया था। ऐसा लगता था जैसे कोई भी चीज अभी बस बोल ही पड़ेगी। बैठक की दीवारों पर पुरातन शैली की पेंटिंग्स थीं, जिनमें सम्राट लुई–15 के साथ भेड़ें चराते चरवाहे और घने घेरदार लहंगों में सुंदरियों के साथ विग पहने जांबाज आशिक चित्रित किए गए थे। एक लंबी आराम कुर्सी में एक बहुत ही बूढ़ी औरत बैठी थी। अगर वह हिलती–डुलती नहीं तो उसके मृत होने का आभास होता।

उसके अनावृत पतले हाथों की चमड़ी बिल्कुल मिस्र की ममियों जैसी लगती थी। उसकी निगाहें दूर क्षितिज में कुछ खोज रही थीं। ऐसा लगता था जैसे वह बाग में अपनी जवानी के दिन याद कर रही हो। खिड़कियों से हरियाली और फूलों में नहाकर आई हुई खुशबूदार हवा उसके झुर्रियों भरे माथे को छूकर उसे यादों के समंदर में लिए जा रही थी। उसके पास ही सुंदर परदे से ढंकी स्टूल पर एक युवती बैठी थी, जिसके बाल हवा में उड़ रहे थे। वह एक कपड़े पर कढ़ाई कर रही थी। उसकी आंखों में कुछ तनाव और माथे पर चिंता की लकीरें दिख रही थीं। लग रहा था वह कढ़ाई तो कर रही है लेकिन उसका दिलो–दिमाग कहीं और खोया हुआ है। बुढिया ने तुरंत ही लड़की को अपनी तरफ देखने के लिए विवश कर दिया। 'बेर्थ, अखबार में से कुछ पढ़कर सुनाओ ना। ताकि मुझे भी तो पता चला कि दुनिया में क्या हो रहा है?'

लड़की ने अखबार उठाया और तेजी से मुआयना करते हुए कहा, 'इसमें राजनीति की एक बड़ी खबर है, इसे तो छोड़ दूं न दादी मां?'

'हां बेटी, हां। क्या कहीं कोई प्रेम–प्रसंग की खबर नहीं है? क्या फ्रांस में आशिक मिजाजी और प्यार–मोहब्बत मर चुकी है, जो अब हमारे जमाने जैसी प्रेम–प्रसंगों की चर्चा ही बंद हो गई है?'

लड़की देर तक अखबार के पन्नों के कोने–कोने तलाश करने के बाद बोली, 'यह मिल गई एक खबर। इसका हैडिंग है 'एक प्रेम प्रसंग।'

बुढिया के झुर्रियों भरे चेहरे पर मुस्कान खेलने लगी, 'हां मुझे यह खबर सुनाओ।' यह तेजाब फेंकने की एक घटना थी, जिसमें एक स्त्री ने अपने पति की प्रेमिका से बदला लेने के लिए उस पर तेजाब फेंक दिया था। प्रेमिका की आंखें जल गई थीं। अदालत ने उस स्त्री को बाइज्जत बरी कर दिया था और लोगों ने फैसले की तारीफ की थी।

सुनकर दादी मां उत्तेजना में चिल्लाईं, 'यह तो भयानक है बेहद खौफनाक! देखो बेटी, शायद तुम्हें मेरे मतलब की कोई खबर मिले?'

लड़की ने वापस अखबार को खंगाला तो अपराध के समाचारों में से पढ़कर सुनाने लगी। 'उदास नाटक– दुकान पर काम करने वाली एक लड़की, जो ज्यादा जवान नहीं थी। उसने एक नौजवान के प्यार में डूबकर खुद को समर्पित कर दिया लेकिन प्रेमी बेवफा निकला। लड़की ने बदला लेने के लिए अपने प्रेमी को गोलियों से भून दिया। लड़का जिंदगी भर के लिए अपाहिज हो गया। अदालत ने लड़की को बरी कर दिया और जनता ने फैसले की तारीफ की।'

खबर सुनकर दादी मां को गहरा धक्का लगा और वे कांपते हुए कहने लगीं, 'क्यों आजकल के लोग पागल हो गए हैं? तुम लोग पागल हो! ईश्वर ने जीवन

के लिए सबसे बड़ा वरदान इंसान को प्रेम के रूप में दिया है। मनुष्य ने इसमें शिष्टता और रसिकता जोड़ी है। हमारे नीरस क्षणों को आल्हादित करने वाली चीज है प्रेम, जिसे तुम्हारी पीढ़ी के लोग तेजाब और बंदूकों से ऐसे खराब कर रहे हैं, जैसे उम्दा शराब में मिट्टी डाल दी जाए।'

लड़की दादी के क्रोध और झुंझलाहट को नहीं समझ पाई। कहने लगी, 'दादी मां उस औरत ने बिल्कुल सही किया। वह शादीशुदा थी और उसका पति उसे धोखा दे रहा था। 'दादी मां बोलीं, 'पता नहीं ये लोग आजकल की लड़कियों के दिमाग में कैसे–कैसे विचार ठूंस रहे हैं?'

लड़की ने जवाब दिया, 'लेकिन दादी मां, शादी एक पवित्र बंधन है।'

दादी मां का जन्म पराक्रम और आशिक मिजाजी के दौर में हुआ था। वह अपने दौर में डूबकर दिल से कहने लगी, 'सुनो बेटा, मैंने तीन पीढियां देखी हैं। शादी और प्यार में कोई समानता नहीं है। हम परिवार के लिए शादी करते हैं और शादी को खारिज नहीं कर सकते। अगर समाज एक जंजीर है तो हर परिवार उसकी एक कड़ी है। इन कडियों को जोडने के लिए हम वैसी ही चीजें ढूंढते हैं जिनसे यह जंजीर बनी रहे। हम शादी करते हैं तो कई चीजें मिलाते हैं जाति, समाज, धन–दौलत, भविष्य, रुचियां आदि–आदि। दुनिया हमें मजबूर करती है इसलिए हम एक बार शादी करते हैं लेकिन जिंदगी में हम बीसियों बार प्रेम कर सकते हैं क्योंकि कुदरत ने हमें ऐसा ही बनाया है। तुम जानती हो बेटी, शादी एक कानून है और प्यार करना इंसान की फितरत। यह फितरत ही हमें कभी सीधे तो कभी टेढ़े–मेढ़े रास्तों पर चलने के लिए मजबूर करती है। दुनिया ने कानून इसलिए बनाए हैं कि इनसे इंसान की मूल प्रवृत्तियों को काबू में किया जा सके। ऐसा करना जरूरी भी था लेकिन हमारी मूल प्रवृत्तियां ज्यादा शक्तिशाली हैं, हमें इनका विरोध नहीं करना चाहिए क्योंकि ये हमें ईश्वर ने दी हैं जबकि कानून इंसान ने बनाए हैं। अगर हम जीवन में प्यार की खुशबू नहीं भरेंगे तो जिंदगी बेकार हो जाएगी। यह ऐसा ही है जैसे बच्चे की दवा में चीनी मिलाकर देना।' बेर्थे की आंखें आश्चर्य से खुली रह गईं। वह बड़बड़ाई, 'ओह, दादी मां, हम प्यार सिर्फ एक बार कर सकते हैं।'

दादी मां ने आसमान की ओर अपने कांपते हाथों को ऐसे उठाया जैसे कामदेव का आवाहन कर रही हों। फिर उत्तेजना में कहने लगीं, 'तुम लोग बिल्कुल गुलामों जैसे हो गए हो, बिल्कुल सामान्य। तुम लोगों ने हर काम को भारी–भरकम शब्दों में बांध दिया है और हर जगह कठिन कर्तव्यों के बंधन बांध दिए हैं। तुम लोग समता और शाश्वत लगाव में यकीन रखते हो। तुम्हें यह बताने के लिए कि कइयों ने प्यार में जान कुर्बान की है, अनेक कवियों ने कविताएं लिखी हैं। हमारे जमाने

में कविता का मतलब होता था पुरुष को स्त्री से प्रेम करना सिखाना। प्रत्येक स्त्री से प्रेम करना और हम! जब हमें कोई भा जाता था तो हम उसे संदेश पहुंचाती थीं। जब नए प्रेम की उमंग हमारे मन में जागती थी तो हम पिछले प्रेमी से किनारा करने में भी देर नहीं लगाती थीं। हम दोनों से भी प्रेम कर सकती थीं।'

बुढिया एक रहस्यमयी ढंग से मुस्कुराई। उसकी बूढ़ी–भूरी आंखों में एक ऐसी चमक थी और चेहरे पर ऐसे भाव थे जैसे वह किसी और ही मिट्टी की बनी हो। जैसे कोई शासक हो, सारे नियम और कायदे–कानूनों से ऊपर। लड़की का रंग पीला पड़ गया था। वह बड़बड़ाते हुए बोली, 'इसका मतलब उस जमाने में औरतें मर्यादाहीन आचरण करती थीं?'

दादी मां ने मुस्कुराना बंद किया। ऐसा लगता था जैसे उसके दिल में वाल्तेयर की विडंबना और रूसो की दार्शनिकता गहरे समाई हुई हो। 'इसलिए कि हम प्यार करके उसे स्वीकारने की हिम्मत रखती थीं, यहां तक कि गर्व से बताती थीं। मेरी बच्ची अगर उस जमाने में किसी स्त्री का प्रेमी नहीं होता था तो लोग उसका मजाक उड़ाते थे। तुम्हें लगता है कि तुम्हारा पति जिंदगी भर सिर्फ तुमसे ही प्यार करता रहेगा, यह हो भी सकता है। मैं तुमसे कहती हूं कि शादी समाज के अस्तित्व के लिए बहुत जरूरी है लेकिन यह मनुष्य जाति की मूल प्रवृति नहीं है। कुछ समझीं क्या तुम? जीवन में एकमात्र खूबसूरत चीज है प्रेम और सिर्फ प्रेम। तुम इसे कैसे गलत समझ सकती हो? कैसे खराब कर और कह सकते हो? तुम इसे किसी रस्म–रिवाज या संस्कार की तरह क्यों समझते हो? जैसे कि कोई कपड़ा खरीदकर लाना हो।'

लड़की ने बुढिया के कांपते हाथों को अपने हाथों में थामते हुए कहा, 'चुप करो दादी मां। मैं तुमसे प्रार्थना करती हूं अब और नहीं... बस करो।'

वह अपने घुटनों के बल झुककर, आंखों में आंसू भरकर प्रार्थना करने लगी कि ईश्वर उसे एक सघन, गहन और अमर प्रेम का आशीर्वाद दे। एक ऐसा प्रेम जो आधुनिक कवियों का स्वप्न है। जबकि दादी मां ने बड़े प्यार से उसका माथा चूमा। अठारहवीं शताब्दी के दार्शनिकों के उस तर्क पर विश्वास और आस्था जताते हुए, जिसने जिंदगी को अपने वक्त में इश्क के नमक से जायकेदार बना दिया था, दादी मां ने कहा, 'सावधान! मेरी प्यारी बच्ची। अगर तुम इन मूर्खतापूर्ण बातों पर विश्वास करोगी तो जिंदगी में कभी सुखी नहीं रह पाओगी।'

चर्बी की गुड़िया

पिछले कई दिनों से सेना का बचा–खुचा हिस्सा कस्बे से गुजर रहा था। ये नियमित सैनिक नहीं, बल्कि सेना से अलग–थलग पड़ गए सिपाहियों के बिखरे हुए झुण्ड थे। चेहरों पर लम्बी और गन्दी दाढ़ियाँ थीं, वर्दियाँ चिथड़ों में तब्दील हो गई थीं और उनके पास न कोई झण्डा था और न ही रेजीमेण्ट का कोई प्रतीक। वे बगैर किसी पहचान के सड़कों से गुजर रहे थे। थकान से पस्त और बेहाल इन सैनिकों को देखकर ऐसा लगता जैसे कोई अदृश्य शक्ति इन्हें आगे धकेले जा रही हो! कहीं ठहरते ही सब एक–दूसरे पर थकान से भहराने लगते। कुल मिलाकर, यह लामबन्द कर दिए गए शान्तिप्रिय लोगों की भीड़ थी जो अपने ही हथियारों के बोझ से दोहरे हुए जा रहे थे। उनमें कुछ–कुछ टोलियाँ सतर्क, उत्साही और चुस्त दिख रही थीं जो आदेश मिलते ही हमला करने या भागने के लिए तैयार थीं, और इन्हीं के बीच भीषण लड़ाई में बिखर गई डिवीजन के अवशेष के रूप में कुछ लाल बिरजिसवाले थे, इन तरह–तरह के पैदल सैनिकों

से कदम मिलाते कुछ तोपची थे और कभी–कभी पैदल घिसट रहे किसी घुड़सवार सैनिक का चमकदार हेल्मेट भी दिख जाता था जिसके लिए थोड़ी दूर पैदल चलना भी भारी पड़ रहा था।

'हार का बदला लेनेवाले', 'कब्रिस्तान के नागरिक' या 'मौत से टक्कर लेनेवाले' जैसे शौर्यपूर्ण नामों से खुद को पुकारनेवाले छुट्टा बन्दूकचियों की कुछ टुकड़ियाँ भी बीच–बीच में गुजरती थीं जो दिखने में लुटेरे लगते थे। इनका नेतृत्व करने वाले भूतपूर्व कपड़ा व्यवसायी, चर्बी की मोमबत्तियों अथवा साबुन के व्यापारी थे। वे परिस्थितिजन्य योद्धा थे, जिन्हें उनके कुलचिह्नों अथवा मूंछों की लम्बाई के आधार पर कमाण्डर चुन लिया गया था। हथियारों से लदे–फंदे और चोटियाँ बाँधे ये लोग दबी आवाज में अभियानों के बारे में इस तरह बातचीत करते थे जैसे सन्ताप सह रहे फ्रांस का दुख वे अपने दम पर दूर कर देंगे! हालाँकि कभी–कभी उन्हें खुद अपने सैनिकों से डर लगता क्योंकि जेल के ये पंछी प्रायः शुरू में तो बहादुरी दिखाते लेकिन बाद में वे लुटेरे और बलात्कारी साबित होते थे।

ऐसी चर्चा थी कि प्रशियाई रूएन में घुसने जा रहे हैं। नेशनल गार्ड पिछले दो महीने से पास के जंगल में निगरानी कर रहे थे और कभी–कभी पहरा दे रहे अपने ही साथियों पर गोलियाँ दाग बैठते या घनी झाडियों के पीछे भेड़िये की हल्की–सी गुर्राहट पर भी उनकी अंगुलियाँ बन्दूक के घोड़ों पर कस जाती थीं। पर वे अब अपने ठिकानों को लौट चुके थे। उनके हथियार, उनकी वर्दियाँ तथा वे खतरनाक ताम–झाम, जो तीन मील दूर से ही लोगों में दहशत फैला देते थे, अचानक गायब हो गए थे।

आखिरकार, सेन नदी पार कर सेण्ट–सीवर और बूर्ग आशार से होते हुए ओदेमर पुल पर अन्तिम फ्रांसीसी सैनिक आते नजर आए। उनके पीछे तोपखाने के दो अफसरों के बीच पैदल मार्च करता हुआ जनरल आया। जनरल काफी निराश नजर आ रहा था। वह इस बेमेल खस्ताहाल भीड़ को लेकर कुछ करने की स्थिति में नहीं था। जीतने के आदी लोगों के इस मान–मर्दन और अपनी विख्यात बहादुरी के बावजूद बुरी तरह हारने से वह खुद खोया–खोया–सा था।

पूरे शहर में तूफान आने से पहले की शान्ति पसरी हुई थी। ऐसा लग रहा था मानो शहर चुपचाप किसी अनहोनी का इन्तजार कर रहा हो! चौपट हो चुके उद्योग–धन्धों के कारण कड़की में दिन बिता रहे लोग आशंका–भरी उत्सुकता के साथ विजयी सेना का इन्तजार कर रहे थे। वे यह सोचकर ही काँप रहे थे कि कहीं उनकी गोश्त भूननेवाली सलाइयों और रसोई की छुरियों को भी हथियार न समझ लिया जाए।

यहाँ पर फिलहाल जिन्दगी ठहर–सी गई लगती थी। सभी कुछ रुक गया था।

दुकानें बन्द थीं, सड़कें सूनी। कभी–कभी इस खामोशी से डरा कोई बाशिन्दा दीवारों के किनारे–किनारे तेजी से गुजरता दिख जाता था। इन्तजार के पलों ने उन्हें अब बेसब्र बना दिया था। वे चाहते थे कि अब दुश्मनों से आमना–सामना हो ही जाए।

फ्रांसीसी सेना की कस्बे से रवानगी की अगली दोपहर न जाने कहाँ से आए कुछ उल्हान (घुड़सवार बींधारी) चुस्ती के साथ कस्बे से गुजर गए। कुछ ही देर बाद सेण्ट कैथरीन की तरफ से काला हुजूम आता दिखाई दिया। विजेता सैनिकों की दो अन्य टुकड़ियाँ दारनेतल तथा ब्यासगिलोम की ओर से आ रही थीं। तीनों टुकड़ियों के अगले दस्तों की मुलाकात होटल द विल चौराहे पर हुई। आसपास की सभी सड़कों से जर्मन सेना मधुमक्खियों के झुण्ड की तरह आती दिखाई दे रही थी। उनकी टुकड़ियाँ कस्बे में धीरे–धीरे फैलती जा रही थी और वातावरण में लय में मार्च करते सैनिकों के बूटों की धमक गूंज रही थी।

जंग जीतने के कारण स्वाभाविक रूप से मिले 'अधिकारों' के कारण अब वे इस कस्बे के लोगों के भाग्यविधाता बन गए थे। विदेशी लहजे में कड़कदार, रौबीली आवाज में कमाण्डर द्वारा सैनिकों को दिए जा रहे आदेश आसपास के घरों तक पहुँच रहे थे, जो बाहर से वीरान दिखाई दे रहे थे लेकिन बन्द खिड़की–दरवाजों के सुराखों से कई जोड़ी आँखें इन विजेता सैनिकों को देख रही थीं।

अपने ही कमरों में कैद लोग उस उत्तेजना की गिरफ्त में थे जो ऐसी भयानक विपत्ति के साथ आती है जिसके सामने दुनिया की सारी ताकतें बेकार होती हैं। जब भी सारी व्यवस्था अचानक उलट–पुलट जाए और असुरक्षा की भावना पूरी तरह हावी हो जाए और इनसानी और कुदरती कानूनों की हिफाजत करनेवाली हर चीज खुद को खूखार दरिन्दगी के रहमोकरम पर पाये, तो ऐसा ही होता है। जब धरती काँपती है और ढहे मकानों का मलबा लोगों की कब्रगाह बन जाता है, जब किनारों को तोड़कर उफनती नदी किसानों और उनके ढोर–डाँगर और छतों की शहतीरें बहा ले जाती है और जब कोई विजयी सेना उन सबका संहार करने में जुट जाती है जो अपना बचाव करना चाहते हैं–ये सब क्रूरता के ऐसे ताण्डव हैं जिनके बीच शाश्वत न्याय जैसे शब्द अपने मायने खो देते हैं और ईश्वर की कृपा तथा मनुष्य के विवेक में विश्वास भंग हो जाता है।

दरवाजों पर कई दस्तकें हुईं और फिर हाहाकार मच गया। इस तरह हर घर में सैनिक घुस चुके थे। वे जंग जीतने के बाद कब्जे की मुहिम को अंजाम दे रहे थे। इसके बाद शुरू होना था पराजितों द्वारा विजेताओं के प्रति कृतज्ञता दिखाने का कर्तव्य।

कुछ समय बाद दहशत का पहला दौर खत्म होते ही कस्बे में एक नई शान्ति

पसर जाती है। कई परिवारों में प्रशियाई अफसर लोगों के साथ भोजन करता है। कभी-कभी वह सुसंस्कृत होता है और विनम्र दिखते हुए, इस खूनखराबे में शामिल होने के प्रति अपनी अरुचि का इजहार करता है। लोग इन भावनाओं की कद्र करते थे। उन्हें पता था कि किसी दिन अपनी जान बचाने के लिए उन्हें इस अफसर की मदद की जरूरत पड़ सकती है। दूसरे, अकेले इस अफसर को भोजन कराकर वे बहुत सारे सैनिकों को भोजन कराने के खर्च से भी बच जाते थे। वे उस व्यक्ति का अपमान या नुकसान क्यों करते जिसकी दया पर उनकी जिन्दगी चल रही थी? ऐसा करना साहस नहीं, दुस्साहस होता और रूएन की आम जनता की इसमें कोई गलती नहीं थी। उन्हें अपने शहर के दूसरे हाथों में चले जाने पर इस तरह की सुरक्षा की जरूरत थी। बहरहाल, सबने यह सोचकर खुद को दिलासा दे दिया कि फ्रांसीसी सभ्यता की उच्च परम्पराओं का तकाजा है कि वे अपने घरों में अजनबी सैनिकों की मेहमाननवाजी करें, बशर्ते घर के बाहर वे उसके साथ अजनबी की तरह पेश आएँ। लोगों के सामने वे एक-दूसरे से नहीं बोलते थे लेकिन अपने घर में वे जर्मन सैनिक से घंटों बातचीत करते। हर शाम उनके घरों में वह आग के सामने अपने पैरों को गर्माहट देने के लिए देर तक बैठा रहता।

कस्बे की जिन्दगी अब धीरे-धीरे सामान्य ढर्रे पर लौटने लगी। फ्रांसीसी घर से निकलते हुए डरते थे पर प्रशियाई सैनिक सीना फुलाए घूमते थे। यहाँ तक कि कन्धे पर मौत के हथियार लटकाए नीली वर्दियों में सजे दम्भी हुस्सार आम नागरिकों पर उससे ज्यादा ध्यान नहीं देते थे जितना कि कुछ समय पहले इन्हीं कैफे में पीनेवाले अफसर और सैनिक देते थे।

लेकिन हवाओं की सरगोशियों में कहीं न कहीं कोई बात जरूर थी। कुछ अनजानी और अनचाही-सी चीज लगातार खटकती रहती थी। एक असह्य-सा माहौल था, जिसमें एक तीखी गन्ध समाई थी-आसन्न हमले की गंध। हर सार्वजनिक स्थल पर इसे महसूस किया जा सकता था। इसने भोजन का स्वाद फीका कर दिया था। लोगों को ऐसा लगता था कि वे बर्बर और खूनी कबीलों के बीच किसी विचित्र देश की यात्रा पर हों।

विजेता सैनिक लोगों से धन की उगाही कर रहे थे। वे ज्यादा से ज्यादा धन बटोरना चाहते थे, कस्बे के निवासी उन्हें धन देने में कंजूसी नहीं करते, क्योंकि उनके पास पर्याप्त धन था। लेकिन एक नॉर्मन व्यापारी जितना ही अमीर होता है, अपनी रकम का कोई हिस्सा दूसरों के हाथों में जाता देख उसे उतनी ही तकलीफ होती है।

इसीलिए कस्बे से छह या नौ मील दूर क्रुवासे, दिएपदाल या बिएसार की ओर

नदी में मछुआरों को अक्सर नदी के तल से किसी वर्दीधारी जर्मन की फूली हुई लाश मिलती। उसके शरीर पर चाकुओं के जख्म होते या सिर पत्थर से कुचला होताय अथवा कभी–कभी उन्हें ऊँचे पुलों पर से ढकेल दिया गया होता। छिछली नदी की तली का कीचड़ इन गुमनाम प्रतिशोधों को खुद में समेट लेता। ये सच्चे, पर अनजान बहादुरों के कारनामे थे। चुपचाप किए गए ये वार दिन के उजाले की लड़ाइयों से ज्यादा घातक थे।

विदेशी आतताइयों के खिलाफ नफरत हमेशा ही कुछ निडर व्यक्तियों को जगा देती है जो किसी विचार के लिए जान देने को तैयार रहते हैं।

विदेशी सैनिकों ने जल्द ही कस्बे पर अपने नियम–कानून लागू कर दिए। अपनी ख्याति के अनुरूप कायदे–कानूनों को लागू करने में उन्होंने जोर–जबरदस्ती का सहारा नहीं लिया। धीरे–धीरे लोग घरों से बाहर निकलने लगे। रोजमर्रा की जरूरतों के चलते कामकाज और व्यापार पटरी पर आने लगा। कुछ लोगों की काफी सम्पत्ति हाव में थी, जो फ्रांसीसी सेना के कब्जे में था। वे इस तटवर्ती शहर में जाना चाहते थे। सड़क के जरिये दिए पहुँचने के बाद उनकी पानी के जहाज से हाव्र जाने की योजना थी।

इसके लिए उन्होंने उन जर्मन सैनिकों का इस्तेमाल किया, जिससे उनकी निक. टता बन चुकी थी और अन्त में जनरल–इन–चीफ से उन्हें यात्रा की अनुमति मिल गई।

यात्रा के लिए चार घोड़ोंवाली बड़ी बन्द गाड़ी किराये पर ली गई जिसमें दस लोगों के बैठने की जगह थी। तय हुआ कि लोगों की नजरों से बचने के लिए मंगलवार की सुबह दिन निकलने से पहले चल पड़ा जाए।

कुछ समय पहले हुए हिमपात से जमीन कठोर हो गई थी। सोमवार को दोपहर बाद तीन बजे से ही उत्तर से आए काले घने बादलों के साथ हिमपात फिर शुरू हो गया, जो पूरी शाम और पूरी रात जारी रहा।

तड़के साढ़े चार बजे यात्री अपना सफर शुरू करने के लिए होटल नॉर्मण्डी के परिसर में इकट्ठा हुए जहाँ से उन्हें गाड़ी पकड़नी थी।

उन पर अभी नींद की खुमारी छाई हुई थी और गर्म कपड़ों के बावजूद वे ठण्ड से काँप रहे थे। हल्की रोशनी में उन्हें एक–दूसरे का चेहरा धुंधला–सा ही दिख रहा था और जाड़े के भारी कपड़ों में वे लम्बा लबादा ओढ़े गिरजाघर के पादरी के मोटे सहायकों की तरह लग रहे थे। इनमें से केवल दो लोग एक–दूसरे से परिचित थे। एक अन्य सहयात्री भी उनके पास आ गया और बातचीत में शामिल हो गया। उनमें से एक ने कहा, "मैं अपनी पत्नी को भी साथ ले जा रहा हूँ।" दूसरे ने कहा, "मैं भी।" तीसरे ने भी अपनी पत्नी को साथ ले जाने की बात

स्वीकारी। पहले ने कहा, "हम अब रूएन नहीं लौटेंगे और यदि प्रशियाई हाव भी पहुँच गए तो हम इंग्लैण्ड चले जाएँगे।" एक ही मानसिकता के होने के कारण उन सबकी एक ही योजना थी।

घोड़ों को अभी तैयार नहीं किया गया था। हाथ में छोटी–सी लालटेन लिये अस्तबल का कर्मचारी एक दरवाजे से निकलता था और तुरन्त दूसरे दरवाजे से वापस आता दिखाई देता था। अस्तबल में घासफूस पड़ी होने के बावजूद पथरीले फर्श पर घोड़ों के पैर पटकने की आवाज सुनाई दे रही थी। बीच–बीच में किसी व्यक्ति की आवाज सुनाई देती, जो घोड़ों को पुचकार रहा था और उनसे बातें कर रहा था। घण्टियों की हल्की आवाज से पता चल रहा था कि घोड़ों पर जीन चढ़ाई जा रही है।

धीरे–धीरे यह आवाज और स्पष्ट और लयबद्ध हो गई। कभी यह अचानक थम जाती तो कभी जानवर का बदन जोर से हिलने और सख्त धरती पर खुर की धमक के साथ फिर शुरू हो जाती।

अचानक दरवाजा बन्द हो गया और चारों ओर सन्नाटा पसर गया। यात्रियों ने चुप्पी साध ली और अपने स्थान पर जड़वत् खड़े रहे।

अनवरत गिर रहे सफेद हिमगुणों का पर्दा धरती पर गिरते हुए चमक रहा था। इसने हर चीज को सफेदी से ढंक दिया था। इस सन्नाटे में कुछ भी सुनाई नहीं दे रहा था। बर्फ की चादर ओढ़े कस्बा पूरी तरह शान्त था।

लालटेन लिये अस्तबल का कर्मचारी फिर निकला। वह एक उदास घोड़े को बाहर खींचकर लाने का प्रयास कर रहा था, जो आना नहीं चाहता था। कर्मचारी ने उसे एक खम्भे से बाँधा और देर तक लगाम ठीक करता रहा क्योंकि लालटेन के कारण वह एक ही हाथ से काम कर पा रहा था। वह दूसरे घोड़े को लेने जा रहा था कि उसकी नजर यात्रियों पर पड़ी जो बर्फ के कारण सफेद हो चुके थे। उसने यात्रियों से कहा, "आप लोग गाड़ी में क्यों नहीं बैठ जाते? उसमें कम–से–कम आप बर्फ से बचे रहेंगे।"

यात्रियों ने इस बारे में सोचा ही नहीं था। तीनों पुरुषों ने झट से अपनी पत्नियों को पिछली सीट पर बैठाया और खुद भी उनके पीछे गाड़ी में घुस गए। फिर अन्य व्यक्ति बिना कुछ कहे शान्ति से गाड़ी में बैठ गए। उनकी पहचान अभी तक कपड़ों से ढंकी हुई थी।

गाड़ी के अन्दर बिछी पुआल उनके पैरों को गरमाहट दे रही थी। पीछे बैठी महिलाएँ पैर गर्माने के लिए कार्बन से जलनेवाले ताँबे के छोटे–छोटे स्टोव लाई थीं। स्टोव जलाने के बाद धीमी आवाज में कुछ देर तक इस उपकरण की उपयोगिता पर वे पुरानी बातें दोहराई गईं जिन्हें वे लम्बे अरसे से जानती थीं।

आखिरकार गाड़ी तैयार हो गई। रास्ता खराब होने के कारण चार के बजाय छह घोड़े जोते गए थे। एक आवाज आई :

"क्या सभी लोग गाड़ी में बैठ गए हैं?"

अन्दर से एक आवाज ने जवाब दिया, "हाँ।" वे चल पड़े। गाड़ी कुछ दूर तक धीरे–धीरे चली।

भारी बर्फ के कारण पहिये फँस रहे थे। गाड़ी से चरमराने की आवाज ऐसे आ रही थी जैसे भारी बोझ से वह कराह रही हो! हाँफते हुए घोड़ों के बदन पसीने से चमक रहे थे और उनसे भाप उठ रही थी। कोचवान बगैर रुके उन पर चाबुक बरसा रहा था। घोड़ों पर पड़ रहे चाबुक को देखकर ऐसा लगता, जैसे हवा में पतले–पतले साँप लहरा रहे हों! कोचवान की मार से त्रस्त घोड़े पूरा जोर लगाकर दौड़ने की कोशिश कर रहे थे।

सुबह की उजास फूटने लगी थी। एक यात्री ने बर्फ के फाहों को रुई की बारिश कहा था, पर अब वह बन्द हो चुकी थी। घने धूसर बादलों के बीच से एक हल्की रोशनी फूट रही थी जिससे मैदानों में बिछी बर्फ की चादर और सफेद दिखाई दे रही थी। हर चीज बर्फ की चादर से ढंकी हुई थी चाहे वह पेड़ों की कतार हो या मकानों की चिमनियाँ। सुबह की उदास किरणों के बीच गाड़ी में बैठे लोगों ने पहली बार एक–दूसरे के चेहरों को उत्सुकता से देखा।

गाड़ी के पीछे सबसे बढ़िया स्थान पर ग्रां–पों स्ट्रीट का शराब का थोक व्यापारी मि. ल्वासो और मिसेज ल्वासो आमने–सामने बैठे सो रहे थे। ल्वासो ने इस व्यवसाय में जमकर कमाई की थी। वह देहात के छोटे दुकानदारों को खराब शराब ऊँचे दामों पर बेचता था और अपने मित्रों तथा परिचितों के बीच उसे एक मक्कार दिल्लगीबाज, छल और हँसोड़पन से भरा असली नॉर्मन माना जाता था। ठग के रूप में कस्बे में उसकी ऐसी प्रतिष्ठा थी कि एक शाम प्रीफेक्ट के घर पर चल रही पार्टी में अपने किस्से–कहानियों और व्यंग्य लेखों के लिए मशहूर मि. तूर्नेल ने नींद से बोझिल कुछ महिलाओं के सामने प्रस्ताव किया कि "ल्वासो के तमाम हथकण्डों को मिलाकर एक खेल बनाया जाए।" इसके बाद तो कमरे में हँसी–ठट्टे का माहौल बन गया। धीरे–धीरे यह किस्सा पूरे कस्बे में मशहूर हो गया और लोग मजे ले–लेकर एक–दूसरे को यह किस्सा सुनाते।

ल्वासो को विशेषकर अपनी मजाकिया आदतों और अच्छे–बुरे हर प्रकार के चुटकुलों के कारण जाना जाता था। उससे बात करने के बाद कोई भी यह सोचे बिना नहीं रह सकता था : 'ये ल्वासो है बेशकीमती।' लम्बे कद के ल्वासो के शरीर का अगला हिस्सा गुब्बारे जैसा फूला हुआ था जिसके ऊपर खिचड़ी गलमुच्छों से घिरा लाल चेहरा टिका था।

उसकी पत्नी लम्बी, मजबूत तथा दृढ़निश्चयी महिला थी। वह इस कारोबारी घर की व्यवस्था और गणित सँभालती थी, जबकि उसका पति कारोबार की जान था। इनकी बगल में मि. कार्र–लमादों पूरे रुतबे के साथ बैठा था मानो वह किसी ऊँची जाति से सम्बन्ध रखता हो! रुई के व्यापार में उसका खासा नाम था। वह तीन मिलों का मालिक और महापरिषद् का सदस्य था और लीजन ऑफ ऑनर का तमगा पाये हुए था। सम्राट (नेपोलियन तृतीय) के शासन के दौरान वह मित्रवत् विपक्ष का प्रमुख था। अपने पति से कहीं अधिक युवा मदाम कार्र–लमादों रूएन की छावनी में भेजे जानेवाले उच्चकुलीन अफसरों की राहत का सबब थी। वह अपने पति के सामने बैठी फर में लिपटी बहुत सुन्दर लग रही थी और उदास निगाहों से गाड़ी की आन्तरिक सज्जा को निहार रही थी।

उनके पड़ोस में बैठे थे काउण्ट और काउण्टेस ह्यूबर्ट द ब्रेविल। द ब्रेविल नॉर्मण्डी के सबसे पुराने और प्रतिष्ठित परिवारों में से था। अच्छी कद–काठी का बुजुर्ग काउण्ट मेकअप की मदद से अपनी शक्ल राजा हेनरी चतुर्थ से मिलाने की पूरी कोशिश करता था। इनके कुल की एक गाथा के अनुसार राजा हेनरी चतुर्थ ने द ब्रेविल परिवार की एक महिला को गर्भवती कर दिया था जिसकी एवज में उसके पति को काउण्ट तथा एक प्रान्त का गवर्नर बना दिया गया था। महापरिषद् में मि. कार्र–लमादों के सहयोगी काउण्ट ह्यूबर्ट ओरलियंस पार्टी की नुमाइन्दगी करते थे।

निजी लड़ाकू पोत के एक मामूली–से कप्तान की बेटी से उनकी शादी कैसे हो गई, यह एक रहस्य बना हुआ था। लेकिन चूँकि काउण्टेस राजसी अदाओं से रहती थी और माना जाता था कि वह लुई फिलिप के पुत्र की प्रेयसी रह चुकी थी, इसलिए कुलीनों के बीच उसका बड़ा सम्मान था और उसके ड्राइंगरूम को इलाके में सबसे आलीशान माना जाता था। वहाँ पुराना ठाट–बाट अब भी कायम था और उसमें प्रवेश भी मुश्किल था। बताते थे कि ब्रेविल परिवार की सालाना आय पाँच लाख फ्रैंक थी।

ये छह लोग गाड़ी के यात्रियों की बुनियाद थे। ये उच्च घराने, धर्म और सिद्धान्तोंवाले लोग थे जिन्हें समाज का मजबूत अंग माना जाता था।

इत्तिफाक से सभी महिलाएँ एक ही सीट पर बैठी थीं। काउण्टेस की बगल में दो ननें बैठी थीं जो हाथों में मनकों की माला लिये भगवान के नाम का जाप कर रही थीं। इनमें से एक बूढ़ी थी और उसके चेहरे पर चेचक दाग ऐसे थे मानो किसी बन्दूक से निकले सारे छर्रे सीधे उसके मुँह पर आ लगे हों। दूसरी खूबसूरत लेकिन, उदास थी और वह फेफड़ों की बीमारी का शिकार थी। इन वजहों से शायद ईश्वर के प्रति उनकी निष्ठा और बढ़ गई थी और उनके चेहरों

पर शहीदाना भाव आ गया था।

इन दो भक्तिनों के सामने एक पुरुष और एक महिला बैठे थे जिन पर बार–बार सभी की निगाहें जा रही थीं। पुरुष को सब जानते थे। वह था कोर्नूदे, लोकतंत्र का हिमायती और प्रतिष्ठित लोगों के लिए आतंक का पर्याय। कफे में बैठकर लोकतंत्र पर लम्बी–लम्बी बहसों में हिस्सा लेना उसकी आदत थी। साथियों की गोष्ठियों में समय बिताना उसका प्रिय शगल था। उसके कनफेक्शनर पिता ने उसके लिए काफी सम्पत्ति छोड़ी थी जिसे वह उड़ा चुका था और इस उम्मीद के साथ गणतंत्र[1] की स्थापना का इन्तजार कर रहा था कि इन बहसों और खर्चों के बदले उसे कोई पद मिल जाएगा। चार सितम्बर को शायद किसी के मजाक के चलते उसे यकीन हो गया कि वह प्रीफेक्ट चुन लिया गया है। पर जब वह कार्यालय पहुँचा तो वहाँ क्लर्क मालिक बन चुके थे और उन्होंने उसे पहचानने से इनकार कर दिया। वह अविवाहित और खुशमिजाज था। जब उसने सबकुछ अपने हाथों से बाहर पाया तो वह प्रशियाइयों को रोकने में लग गया। सड़कों पर गड्ढे खोदने से लेकर जंगलों से पेड़ों को काटकर रास्ते पर डालने तक उसने हर सम्भव प्रयास किया था। अब उसे लगता था कि हाव ही उसके लिए उचित स्थान है जहाँ और मोर्चेबन्दियों की जरूरत थी।

महिला उनमें से थी जिन्हें छिनाल कहा जाता है। वह अपनी मांसलता के लिए मशहूर थी जिसकी वजह से लोग उसे 'चर्बी की गुड़िया' कहकर पुकारते थे। छोटी, गोल–मटोल तथा मोटी–मोटी सॉसेज जैसी उँगलियोंवाली इस लड़की की त्वचा बेहद चमकदार थी। उसके भारी स्तन कपड़ों के अन्दर से भी हिलते नजर आते थे। बहरहाल, मर्द उसे पसन्द करते थे क्योंकि उसके चेहरे पर ताजगी और व्यवहार में प्रफुल्लता थी जो बरबस ही किसी को भी आकर्षित कर लेती थी। उसका चेहरा सेब की तरह गोल तथा भरे हुए होंठ, घनी भौंहों से सजी दो चमकदार आँखों के नीचे खूबसूरत मुँह में अनार के दानों की तरह छोटे–छोटे दाँत थे। उसके नम होंठों को देखकर ऐसा लगता जैसे वह चूमने का निमंत्रण दे रहे हों। किसी को भी लुभा लेनेवाली कई खूबियाँ थीं उसमें।

उसको पहचानते ही गाड़ी में सच्चरित महिलाओं के बीच कानाफूसी शुरू हो गई और 'वेश्या' और 'शर्मनाक' जैसे शब्द इतनी ऊँची आवाज में फुसफुसाए गए कि चर्बी की गुड़िया ने सिर उठाकर देखा। उसने अगल–बगल बैठे लोगों पर ऐसी तीखी निगाह डाली कि सभी ने चुप्पी साध ली और ल्वासो को छोड़ सभी

---

1 *(4 सितम्बर, 1870 को फ्रांस में नेपोलियन तृतीय को हटाये जाने के बाद तृतीय गणतंत्र कायम हुआ।)*

नीचे देखने लगे। ल्वासो पूरी दिलचस्पी के साथ चर्बी की गुड़िया को निहारे जा रहा था।

फिर तीनों महिलाओं के बीच बातचीत शुरू हो गई जिन्हें इस लड़की की मौजूदगी ने आपस में मित्र बना दिया था या यों कह लीजिए कि वे अन्तरंग हो गई थीं। उन्हें लगा कि बेशर्मी के साथ बिकनेवाली गरिमा के विरुद्ध उन्हें अपनी वैवाहिक गरिमा की एकजुटता प्रदर्शित करनी चाहिए क्योंकि कानूनी प्रेम हमेशा ही प्रेम के मुक्त व्यापार को नीची निगाह से देखता है।

तीनों मर्द भी कोर्नूदे को देखकर बचाव की सहजवृत्ति से एक–दूसरे के करीब आ गए थे और गरीबों के प्रति हिकारत के स्वर में धन–सम्पत्ति की बातें कर रहे थे। काउण्ट ह्यूबर्ट प्रशियाइयों द्वारा मचाई गई तबाही का विवरण देने लगा। पशुओं की लूट और फसलों के विनाश से होनेवाले नुकसान के बारे में वह ऐसे करोड़पति के अन्दाज में बातें कर रहा था जिसे इस बरबादी से एकाध साल थोड़ी उलझनभर होगी। सूती कपड़ा उद्योग के अनुभवी कार्र–लमादों को इंग्लैण्ड में सुरक्षित रखने के लिए छह लाख फ्रैंक की छोटी–सी रकम भेजनी थी। ल्वासो ने फ्रांसीसी प्रशासन को अपने गोदामों में बची सारी शराब को बेचने का सौदा कर लिया था जिसकी एवज में मिलनेवाली रकम लेने के लिए वह हावर जा रहा था। तीनों एक–दूसरे पर मित्रतापूर्ण नजरें डाल रहे थे। अलग–अलग स्थितियाँ होने के बावजूद पैसे के जरिये तीनों आपस में भाइयों जैसा महसूस कर रहे थे। पैसावह जन्तर जो अपने स्वामियों के हाथों में जादू पैदा कर सकता है, जो अपनी जेबों में हाथ डालकर स्वर्ण मुद्राओं की खनक सुनते हैं।

गाड़ी की चाल काफी धीमी थी। दिन के दस बजे तक वे बारह मील का सफर भी नहीं तय कर सके थे। पहाड़ की चढ़ाइयों पर पुरुषों को तीन बार गाड़ी से उतरना पड़ा था। उन्हें उम्मीद थी कि वे सुबह का नाश्ता टोटे में करेंगे, लेकिन अब वे वहाँ रात से पहले नहीं पहुँच सकेंगे। रास्ते में सभी की निगाहें किसी सराय को ढूँढ रही थीं कि गाड़ी बर्फ में फँस गई और उसे निकालने में दो घंटे से भी ज्यादा समय लग गया।

भूख उनके दिमाग पर हावी होने लगी थी। रास्ते में न तो कोई रेस्तरां मिला और न ही कोई मयखाना। प्रशियाइयों के आने की खबर और गुजरते सैनिकों के डर से ये सारे कारोबार बन्द हो गए थे। गाड़ी में सवार पुरुषों ने रास्ते में पड़नेवाले हर फार्म में भोजन की तलाश की, लेकिन सैनिकों द्वारा लूटे जाने के डर से किसानों ने अपनी सारी खाद्य सामग्री छिपा दी थी। उन्हें खाने को रोटी भी नहीं मिली।

दोपहर करीब एक बजे ल्वासो ने भूख बर्दाश्त न होने की घोषणा कर दी। इस

समस्या से सभी परेशान थे। बढ़ती भूख के कारण बातचीत बन्द हो गई थी। समय–समय पर कोई न कोई जम्हाई लेता। दूसरों को भी उसकी देखा–देखी जम्हाई आने लगी। बारी–बारी सभी अपनी स्वभावगत विशेषता और सामाजिक रुतबे के मुताबिक लापरवाही से या विनम्रता से मुँह पर हाथ रखकर जम्हाइयाँ ले रहे थे।

कई कोशिशों के बाद चर्बी की गुड़िया नीचे झुकी, मानो अपने घाघरे में कुछ खोज रही हो। वह एक पल के लिए हिचकिचाई तथा अगल–बगल बैठे लोगों पर निग. ाह डालने के बाद शान्त होकर बैठ गई। भूख के कारण सभी के चेहरे पीले और उदास नजर आ रहे थे। ल्वासो ने कहा कि वह हैम के एक टुकड़े के लिए एक हजार फ्रैंक देने को तैयार हैं। उसकी पत्नी ने हाथ उठाया, जैसे विरोध करना चाहती हो लेकिन वह चुप रही। पैसा यूँ ही उड़ाने की बात पर उसकी भृकुटियाँ तन जाती थीं। ऐसे मामलों में वह मजाक पसन्द नहीं करती थी। काउण्ट ने कहा, "मुझे यह बात समझ क्यों नहीं आई कि अपने साथ कुछ खाने का सामान लाना चाहिए था।" सभी ने काउण्ट की तरह खुद को इसके लिए कोसा।

बहरहाल, कोर्नूदे के पास रम से भरा फ्लास्क था। उसने सभी से दो घूँट लेने का प्रस्ताव किया लेकिन पेशकश ठुकरा दी गई। अकेले ल्वासो ने दो घूँट पीकर थर्मस उसकी ओर बढ़ा दिया और शुक्रिया के तौर पर कहा कि कुछ नहीं से यह बेहतर है। यह गर्मी देती है और भूख भी रोकती है। शराब के सुरूर ने उसे मजाक के मूड में ला दिया। उसने हँसते हुए कहा कि एक बार समुद्र में फँसने पर नाविकों ने सबसे मोटे साथी को मारकर खा लिया था और वे भी उनका अनुसरण कर सकते हैं। उसका परोक्ष रूप से इशारा चर्बी की गुड़िया की ओर था। कोर्नूदे को छोड़कर गाड़ी में सवार कोई भी नहीं हँसा। दोनों भली ननों ने सीने पर सलीब का निशान बनाया और मुँह में कुछ बुदबुदाने लगीं। उन्होंने आँखे नीची कर रखी थी। इससे साफ था कि वे भूख सहने के लिए भगवान से ताकत माँग रही थीं।

आखिरकार, तीन बजे, जब गाड़ी एक ऐसे मैदानी इलाके में पहुँच गई जहाँ दूर–दूर तक कोई गाँव नजर नहीं आ रहा था तो चर्बी की गुड़िया अचानक नीचे झुकी और सीट के नीचे से सफेद तौलिये से ढंकी एक टोकरी बाहर निकाली। उसने पहले चीनी मिट्टी की एक प्लेट और चाँदी का एक कप निकाला, फिर एक बड़ी–सी रकाबी निकाली, जिसमें गाढ़े शोरबे में डूबे दो मुर्गे थे। उसकी टोकरी में और भी बढ़िया चीजें दिख रही थीं–वह फलों और कचौड़ियों और मिठाइयों से भरी हुई थी। कुल मिलाकर उसके पास तीन दिन तक के खाने की व्यवस्था थी। टोकरी में से चार बोतलें भी झाँक रही थीं। उसने मुर्गे का एक टुकड़ा लिया

और एक बिस्कुट के साथ बड़ी नजाकत से उसे खाने लगी।

सबकी नजरें उसी की ओर घूम गईं। खाने की खुशबू से उनके नथुने फड़क रहे थे, मुँह में पानी आ रहा था और कान के पीछे सुरसुराहट हो रही थी। इस लड़की के प्रति महिलाओं की नफरत उग्र हो चली थी, मानो वे उसे मारकर गाड़ी के बाहर फेंक देना चाहती हों–उसके चाँदी के कप, उसकी टोकरी और खाने के सामान सहित।

लेकिन ल्वासो अपनी आँखों से मुर्गे की रकाबी को खाये जा रहा था। उसने कहा, "किस्मत से मदाम हमसे ज्यादा सावधान निकलीं, कुछ लोग हमेशा ही दूरदर्शी होते हैं।"

वह उसकी ओर मुड़ी और कहा, "आप कुछ लेंगे, सर? इतने लम्बे समय तक बिना कुछ खाये रहना कठिन है।"

ल्वासो ने बड़ी अदा से उसे सलाम करके जवाब दिया, "ईमान से, सच कहूँ तो मैं इनकार नहीं कर सकता। मैं और बर्दाश्त नहीं कर सकता। युद्ध के समय सब जायज होता है, क्यों, ऐसा ही है न मदाम?" फिर चारों ओर नजर दौड़ाकर उसने कहा, "ऐसे मौकों पर आप मददगार लोगों को पाकर खुश हुए बिना नहीं रह सकते।"

उसके पास एक अखबार था जिसे उसने घुटनों पर फैला लिया ताकि उसकी पतलून पर धब्बा न लगे। फिर उसने अपनी जेब में हमेशा पड़े रहनेवाले चाकू की नोक पर मुर्गे की एक टाँग उठाई, उसे दाँतों के बीच रखकर काटा और ऐसे सन्तोष के साथ चबाने लगा जिससे गाड़ी में एक लम्बी दुखभरी आह फैल गई। फिर चर्बी की गुड़िया ने बड़े मीठे और विनम्र स्वर में दोनों ननों से खाने का प्रस्ताव किया। उन्होंने फौरन इसे स्वीकार कर लिया और हड़बड़ाते हुए शुक्रिया अदा कर नजरें उठाये बिना जल्दी–जल्दी खाने लगीं। कोर्नूदे ने भी अब अपनी पड़ोसी की पेशकश नहीं ठुकराई और चारों ने घुटनों पर अखबार बिछाकर एक मेज जैसी बना ली।

उनके मुँह अनवरत चल रहे थे और वे भूखे भेड़ियों की तरह चबा–चबाकर निगल रहे थे। अपने कोने में बैठा ल्वासो लगातार जारी था और धीमी आवाज में अपनी पत्नी को भी राजी करने की कोशिश कर रहा था। वह काफी देर तक विरोध करती रही, लेकिन फिर जब उसे लगा कि भूख से गश खा जाएगी तो वह तैयार हो गई। उसके पति ने अपने लच्छेदार अन्दाज में अपनी 'मोहक सहयात्री' से पूछा कि क्या उसे मदाम ल्वासो को एक छोटा–सा टुकड़ा पेश करने की इजाजत है। उसने जवाब दिया, "क्यों नहीं, जरूर लीजिए सर!" और सौहार्दपूर्ण ढंग से मुस्कुराते हुए रकाबी बढ़ा दी।

जब उन्होंने बोर्दो वाइन की पहली बोतल खोली तो जरा उलझन में डालनेवाली स्थिति पैदा हो गई क्योंकि उनके पास एक ही कप था। ऊपर से ही एक–एक घूँट लेकर सबने उसे बढ़ा दिया। सिर्फ कोर्नूदे ने, निस्सन्देह विनम्रतावश, अपने होंठ प्याले से लगाये जिस पर उसकी सुन्दर पड़ोसन के होंठों की नमी थी।
चारों ओर खा रहे लोगों से घिरे और खाने की दमघोंटू गन्ध से बेहाल काउण्ट और काउण्टेस द ब्रेविल तथा मदाम और मि. कार्र–लमादों वही सजा भुगत रहे थे जो टेण्टालुस[1] को मिली थी। अचानक उद्योगपति की युवा पत्नी ने ऐसी आह भरी कि सब उसकी ओर घूम गए। वह बाहर की बर्फ–जैसी सफेद पड़ गई थी। उसकी आँखें बन्द हो गई थीं और सिर आगे ढुलक गया था। वह बेहोश हो गई थी। उसका पति बुरी तरह घबरा उठा और सबसे मदद की गुहार करने लगा। किसी की कुछ समझ में नहीं आ रहा था। फिर दोनों ननों में से बड़ीवाली ने मूर्छित महिला का सिर थामा, चर्बी की गुड़िया का प्याला उसके होंठों से लगाया और वाइन की कुछ बूंदे उसके गले में उतार दीं। प्यारी–सी महिला के चेहरे पर कुछ रंगत आई, उसने आँखें खोली और मरी हुई आवाज में कहा कि वह अब बहुत बेहतर महसूस कर रही है। लेकिन सिस्टर ने कहा कि दौरा दोबारा न पड़ जाए, इसके लिए उसे बोर्दो का पूरा गिलास पी लेना चाहिए। उसने कहा, "यह भूख के कारण है, और कोई बात नहीं।"
फिर चर्बी की गुड़िया ने लजाते और झेंपते हुए अब भी व्रत पर कायम चारों यात्रियों को देखा और हकलाते हुए कहा, "भगवान कसम! अगर मैं इन सज्जनों और देवियों को कुछ लेने के लिए कह सकती तो..." वह अचानक चुप हो गई मानो उसे डर हो कि कोई उसे अपमानित कर देगा। ल्वासो ने उसकी बात लपकते हुए कहा, "ओह! जरूर! ऐसे मौकों पर तो सारी दुनिया भाइयों की तरह होती है और सबको एक–दूसरे की मदद करनी चाहिए। आइए, महिलाओ, लिहाज छोड़िए। स्वीकार क्यों नहीं करतीं? पता नहीं हमें रात बिताने के लिए भी कोई घर मिलेगा या नहीं! जिस रफ्तार से हम जा रहे हैं, हम कल दोपहर के पहले टोटे नहीं पहुँचेंगे।"
उनके मन में अब भी हिचकिचाहट थी। कोई भी 'हाँ' कहने की जिम्मेदारी नहीं उठाना चाहता था। काउण्ट ने मामला तय कर दिया। वह डरी हुई लड़की की ओर मुड़ा और कहा, "मदाम, हम आभारपूर्वक ग्रहण करने को तैयार हैं।"

---

1 (टेण्टालुस–ग्रीक मिथकों का एक राजा जिसे देवताओं को अप्रसन्न करने के कारण दण्ड मिला था कि वह फलों और पानी से घिरा रहेगा, पर जैसे ही वह खाने या पीने की कोशिश करेगा, वे उससे दूर खिसक जाएँगे।)

पहला ही कदम महत्त्वपूर्ण होता है। एक बार लक्ष्मणरेखा पार हो जाए, फिर कोई हिचक नहीं रहती। खाने की टोकरी खाली कर दी गई। टोकरी में अब भी बहुत कुछ था—मांस की कचौड़ियाँ, सिरके में भीगी नासपतियाँ, डबलरोटी, आलू के चिप्स, ककड़ी और प्याज—तमाम ऐसी चीजें जो सभी औरतों की तरह चर्बी की गुड़िया को पसन्द थीं।

वे चर्बी की गुड़िया से कुछ बोले बगैर उसका खाना नहीं खा सकते थे। इसलिए उन लोगों ने उससे बात शुरू कर दी। पहले तो सम्भ्रान्त महिलाएँ चुप रहीं लेकिन फिर वह भी घुल-मिल गईं। मदाम द ब्रेविल और कार्र—लमादों जो सुसंस्कारों के सभी पहलुओं से परिचित थीं, थोड़ी नजाकतभरी शालीनता के साथ पेश आ रही थीं।

काउण्टेस विशेष रूप से उन कुलीन महिलाओं की तरह पेश आ रही थी जिन्हें कीचड़ से भी बिल्कुल साफ-सुथरे निकलने का यकीन होता है। लेकिन मदाम ल्वासो का बातचीत पर कम, खाने पर अधिक ध्यान था।

बातचीत का विषय स्वाभाविक रूप से युद्ध था। इस दौरान प्रशियाइयों की बर्बरता और फ्रांसीसियों के साहस के किस्से सुनाए गए। हालाँकि ये सभी लोग कस्बे को छोड़कर भाग रहे थे, लेकिन उन्होंने पीछे रह गए कस्बेवासियों की सराहना की। इसके बाद निजी अनुभव सुनाने की बारी आई। और चर्बी की गुड़िया रूएन छोड़ने का किस्सा बयान करने लगी। वह ऐसे भावुकतापूर्ण और उत्तेजित लहजे में बोल रही थी जिसमें उस जैसी लड़कियाँ प्रायः अपनी स्वाभाविक भावनाएँ व्यक्त करती हैं।

उसने कहा, "पहले तो मैंने रुके रहने का फैसला किया था, क्योंकि मेरे पास कुछ सैनिकों का पेट भरने के लिए पर्याप्त व्यवस्था थी। मैं यह भी नहीं जानती थी कि कहाँ जाऊँगी। लेकिन जैसे ही मैंने प्रशियाइयों को देखा, मेरा खून उबाल मारने लगा। मैं शर्म के मारे पूरा दिन रोई। काश! मैं पुरुष होती। मैं खिड़की से नुकीली हेल्मेट पहले इन सैनिकों को जाता हुआ देख रही थी। यदि मेरी नौकरानी ने पीछे न खींचा होता तो शायद मैं उनके ऊपर फर्नीचर फेंक देती। इनमें से एक मेरे घर रहने आ गया। मैं फौरन उसके गले पर झपटी। उनका गला दबाना औरों के मुकाबले मुश्किल थोड़े ही न होता है। मैं उसे वहीं खत्म कर देती लेकिन लोगों ने मुझे बालों से पकड़कर दूर झटक दिया। इस घटना के बाद मेरा छिप जाना जरूरी हो गया था। आखिरकार मुझे मौका मिला और मैंने कस्बा छोड़ दिया। अब मैं आपके साथ हूँ।"

उन्होंने उसे बधाइयाँ दीं। वह अपने साथियों की नजरों में थोड़ी और उठ गई क्योंकि वे खुद इतने गर्ममिजाज नहीं साबित हुए थे। कोर्नेदे ने उसकी बातों

को सुनते हुए एक अर्थपूर्ण मुस्कान बिखेरी, जैसे कोई पादरी भगवान की पूजा करते हुए भक्त को देखकर मुस्कराता है क्योंकि लम्बी दाढ़ीवाले लोकतंत्रवादी देशभक्ति पर वैसे ही अपना एकाधिकार समझते थे जैसाकि लबादेधारी महानुभाव धर्म पर अपना समझते हैं। अपनी बारी आने पर उसने बड़े सैद्धान्तिक अन्दाज में बोलना शुरू किया। उसका स्वर कुछ ऐसा था जैसे शहर की दीवारों पर लगी घोषणाओं का होता है। अन्त में उसने डींग हाँकते हुए कहा कि उसने उस 'बादिंगुए (फ्रांसीसी जनरल) के बच्चे को कसकर लताड़ लगाई।

इस बात पर चर्बी की गुड़िया नाराज हो गई क्योंकि वह बोनापार्टिस्ट थी। गुस्से से उराका चेहरा लाल हो गया और नाराजगी से हकलाते हुए उसने कहा, "काश! उसकी जगह तुम होते। फिर सबकुछ ठीक हो गया होता। ओ, हाँ! वह तुम ही थे जिसने इस आदमी को धोखा दिया है। अगर तुम जैसे पाजियों का राज होगा तो वे फ्रांस छोड़कर कभी नहीं जाएँगे!"

उसकी नाराजगी का कोर्नूदे पर कोई असर नहीं पड़ा और वह हिकारत और श्रेष्ठता के भाव से मुस्कुराता रहा। सबने महसूस किया कि बात जरा ज्यादा बढ़ गई और काउण्ट ने किसी तरह गुस्से से भरी लड़की को शान्त किया और अधिकारपूर्वक घोषणा की कि सभी के ईमानदार विचारों का आदर किया जाना चाहिए। लेकिन काउण्टेस तथा मिल–मालिक की पत्नियों के दिल में गणतंत्र का समर्थन करनेवालों के प्रति बेवजह की नफरत और एक सजावटी निरंकुश सरकार के प्रति वही स्वाभाविक कोमलता थी जो सभी महिलाओं में होती है। न चाहते हुए भी इन महिलाओं ने महसूस किया कि इस गरिमापूर्ण वेश्या से उनके विचार काफी मिलते हैं। वे उसके प्रति लगाव महसूस करने लगीं।

रात के दस बज चुके थे। अब खाने की टोकरी भी खाली हो चुकी थी और वे इसके इतनी जल्दी खत्म हो जाने पर दुख व्यक्त कर चुके थे। बातचीत कुछ देर और चली लेकिन खाना खत्म होने के बाद बातों में गर्माहट नहीं थी।

रात का अँधियारा घना होता जा रहा था। उन्हें ठण्ड भी काफी लगने लगी थी। चर्बी की गुड़िया मोटापे के बावजूद ठण्ड से काँप रही थी। मदाम द ब्रेविल ने अपना फुट स्टोव उसकी ओर बढ़ा दिया। स्टोव में सुबह से कई बार ईंधन डाला जा चुका था। चर्बी की गुड़िया उस पर खुशी–खुशी पैर सेंकने लगी। कार्र–लमादों और ल्वासो की पत्नियों ने भी अपने स्टोव दोनों ननों की ओर बढ़ा दिए।

कोचवान ने लालटेनें जला दी थीं। मद्धिम रोशनी में घोड़ों के पसीने से चमकते जिस्म के आगे बस झाग का बादल दिख रहा थाः सड़क के दोनों ओर पड़ रही रोशनी में बर्फ गाड़ी के साथ–साथ लुढ़कती दिखाई दे रही थी। गाड़ी के भीतर

कुछ भी दिख नहीं रहा था। अचानक चर्बी की गुड़िया और कोर्नेद के बीच कुछ हरकत हुई। घनी परछाइयों के बीच आँखें फाड़कर देखने की कोशिश कर रहे ल्वासो ने यह महसूस किया कि लम्बी दाढ़ीवाला आदमी झटके से पीछे हटा है, जैसे उसे एक बेआवाज वार लगा हो।

सड़क पर दूर रोशनी दिखाई दी। यह टोटे था, जहाँ पहुँचने में उन्हें ग्यारह घंटे लग गए थे और यदि घोड़ों को खिलाने और उन्हें आराम देने के दो घंटे जोड़ दिए जाएँ तो कुल तेरह घंटे। कस्बे में घुसने के बाद गाड़ी कॉमर्स होटल के बाहर रुक गई।

गाड़ी का दरवाजा खुला! एक परिचित आवाज से यात्री चौंक पड़े। यह सड़क पर तलवार टकराने की आवाज थी। फौरन ही अँधेरे में एक जर्मन आवाज सुनाई दी। गाड़ी में बैठे यात्री दम साधे पड़े थे। ऐसा लग रहा था कि गाड़ी के बाहर मौत उनका इन्तजार कर रही है। इस बीच कोचवान लालटेन लेकर आ गया। उसने लालटेन गाड़ी के अन्दर की ओर दिखाई। गाड़ी में आमने–सामने बैठे फक पड़े चेहरेवाले यात्रियों के मुँह खुले हुए थे और उनकी आँखें डर और आश्चर्य से फैली थीं।

बाहर, कोचवान की बगल में एक जर्मन अफसर खड़ा था। सुनहरे बालोंवाले, पतले, बेहद लम्बे युवा सैनिक ने वर्दी ऐसे कसकर डाट रखी थी जैसे किसी युवती ने चोली कस रखी हो। उसने सिर पर कपड़े की चपटी टोपी पहन रखी थी जिससे वह किसी अंग्रेजी होटल का पोर्टर लग रहा था। उसके चेहरे पर बड़ी–बड़ी नुकीली मूंछे थीं, जिनकी नोक इतनी पतली थी कि कोई यह अन्दाजा नहीं लगा सकता था। कि गूंछे कहाँ खत्म होती हैं। भारी मूंछों के कारण होंठों के पास सिलवटें पड़ गई थीं।

उसने फ्रांसीसी में लोगों से गाड़ी से उतरने का अनुरोध किया, "कृपा करके आप नीचे उतरेंगे?"

सबसे पहले दोनों ननें नीचे उतरीं। इसके बाद काउण्ट और काउण्टेस नीचे आए। इसके बाद उद्योगपति और उसकी पत्नी, फिर ल्वासो और उसकी पत्नी बाहर निकले। गाड़ी से उतरते ही ल्वासो ने अफसर से कहा, "गुड ईवनिंग सर!" इसमें आदर से अधिक दूरदर्शिता थी। सभी ताकतवर लोगों की तरह वह अफसर धृष्टतापूर्वक चुप रहा और उन्हें बिना कुछ बोले देखता रहा।

दरवाजे के पास बैठने के बावजूद चर्बी की गुड़िया और कोर्नूदे सबसे बाद में उतरे। चर्बी की गुड़िया के लिए अपने गुस्से पर काबू पाना बहुत मुश्किल हो रहा था, जबकि लोकतंत्र समर्थक उदासी से हाथ हिला रहा था और उसकी लम्बी दाढ़ी काँपती–सी और पहले से ज्यादा लाल लग रही थी। वे अपनी गरिमा बनाये

रखना चाहते थे, क्योंकि यहाँ पर वे अपने महान देश का प्रतिनिधित्व कर रहे थे। अपने पड़ोसियों के समर्पण से क्षुब्ध चर्बी की गुड़िया ज्यादा गरिमामय दिखने की कोशिश कर रही थी। वह सहयात्रियों के लिए एक मिसाल पेश करना चाहती थी और उसने यात्रा की शुरुआत से जारी अपनी विरोधपूर्ण मुद्रा बनाये रखी।

वे होटल की बड़ी–सी रसोई में आ गए थे। जर्मन अफसर ने 'जनरल–इन–चीफ' द्वारा जारी यात्रा सम्बन्धी दस्तावेजों–जिनमें उनके नाम, पते और व्यवसाय के बारे में जानकारी दी गई थी–की माँग की। कागजात की बारीकी से जाँच करने तथा लोगों के दस्तखतों का मिलान करने के बाद उसने कहा, "ये तो ठीक है," और बाहर चला गया।

काफी देर से किसी अनहोनी आशंका से परेशान यात्रियों ने अब जाकर राहत की सांस ली। उन्हें भूख लग आई थी। इसलिए तुरन्त खाने का आदेश दिया गया। खाना परोसने में आधे घंटे का समय था और दो नौकर इसमें लगे थे। वे अपने–अपने कमरों की ओर चल दिए। उनके कमरे एक गलियारे के दोनों ओर बने थे। यह गलियारा आगे एक बड़े चमकदार पालिशवाले दरवाजे पर समाप्त होता था।

आखिरकार, सब खाने की मेज पर इकट्ठा हुए। वहाँ होटल का मालिक भी मौजूद था। वह किसी समय घोड़ों का व्यवसाय करता था। दमे का मरीज यह व्यक्ति हमेशा छींकता रहता था तथा उसके गले में खराश रहती थी। उसके पिता ने उसे फोलेनवी नाम दिया था। उसने पूछा :

"क्या मिस एलिजाबेथ रूसे यहाँ हैं?"

चर्बी की गुड़िया ने चौंककर कहा, "हाँ! मैं ही हूँ।"

"प्रशियाई अफसर आपसे तुरन्त बात करना चाहते हैं।"

"मुझसे?"

"हाँ, अगर आपका नाम ही मिस एलिजाबेथ रूसे है तो।"

वह थोड़ी परेशान हो गई और एक पल सोचकर बोली, "यह मेरा ही नाम है, लेकिन मैं नहीं जाऊँगी।"

चर्बी की गुड़िया के इस जवाब से लोग बेचैन हो उठे। वे इस आदेश का कारण जानने की कोशिश करने लगे। काउण्ट ने लड़की के पास जाकर कहा, "आप शायद गलती कर रही हैं, मदाम! आपके इनकार से मुश्किलें पैदा हो सकती हैं, न केवल आपके लिए बल्कि आपके साथियों के लिए भी। जिनके पास ताकत है, उनका प्रतिरोध करना उचित नहीं होता। इस अनुरोध से कोई नुकसान नहीं होने जा रहा है। हो सकता है कि कोई औपचारिकता बाकी रह गई हो!"

सभी ने काउण्ट की राय से सहमति जताई और उसे हर तरह से मनाने की

कोशिश में जुट गए। उन सबको डर लग रहा था कि आदेश का पालन नहीं होने के बुरे नतीजे हो सकते हैं।

आखिरकार वह तैयार हो गई। उसने कहा, "यह मैं आप लोगों के लिए कर रही हूँ, यह समझ लीजिए।"

काउण्टेस ने उसका हाथ अपने हाथ में लेकर कहा, "और हम इसके लिए तुम्हारे बहुत आभारी हैं।"

वह बाहर चली गई। उसके जाने तक सभी खड़े रहे।

सभी ने लड़की के स्थान पर अपना बुलावा न आने के लिए भगवान का शुक्रिया अदा किया और अपना बुलावा आने पर वे क्या कहेंगे, इसके लिए खुद को मानसिक रूप से तैयार करने लगे।

लेकिन दस मिनट बाद ही लड़की वापस आ गई। वह हाँफ रही थी। गुस्से से उसका चेहरा लाल था। वह हकलाते हुए बोली, "ओह, लुच्चा–लफंगा कहीं का!"

सब उसके आसपास जमा हो गए, लेकिन उसने कुछ नहीं बताया। जब काउण्ट ने जोर दिया तो वह बोल पड़ी, "यह आपके मतलब की बात नहीं है। मैं कुछ नहीं बता सकती।"

फिर वे सब मेज पर बैठे शोरबे के बड़े–से पतीले के इर्द–गिर्द बैठ गए जिसमें से पत्तागोभी की गन्ध आ रही थी। खतरे के बावजूद खाना खुशी–खुशी खाया गया। दोनों ननों और ल्वासो ने पैसे बचाने के लिए सेब की शराब ली थी जो अच्छी निकली थी। बाकियों ने वाइन की माँग की और कोर्नूदे ने बीअर मँगाई। वह बीअर की बोतल के ढक्कन को नजाकत से खोलकर गिलास में डाल रहा था। उसने ध्यान से गिलास को भरा और बीअर के रंग को परखने के लिए उसे उठाकर रोशनी में देखा। पीते हुए उसकी घनी दाढ़ी में बीअर की झाग लग गई। उसकी आँखें सिकुड़ी हुई थीं और वह अपने गिलास में झिलमिलाते पेय को बड़े गौर से देख रहा था। उसके हाव–भाव में कुछ ऐसी बात थी मानो वह जिस काम के लिए जन्मा है, उसे ही अंजाम दे रहा है। कहा जा सकता है कि उसके मस्तिष्क में उसके जीवन की दो खास अनुरक्तियों का मिलन हो रहा था–एक तो हल्की शराब और दूसरी क्रान्ति। यकीनन, वह दूसरी के बारे में सोचे बिना पहलेवाली का स्वाद नहीं ले सकता था।

फोलेनवी और उसकी पत्नी मेज के दूसरे छोर पर भोजन कर रहे थे। दमे के कारण फोलेनवी की साँस भाप के इंजन की तरह चल रही थी। उसे खाते वक्त बात करने में बेहद परेशानी हो रही थी लेकिन उसकी पत्नी काफी वाचाल थी। प्रशियाइयों। ने यहाँ आने के बाद क्या किया, क्या कहा–इन सब चीजों का वह विस्तृत ब्योरा दे रही थी। उसकी बातों में नफरत थी क्योंकि प्रशियाइयों के

कारण उसे आर्थिक क्षति हो रही थी और उसके दो बेटे सेना में थे। वह खास तौर से काउण्टेस से बातें कर रही थी और ऊँचे रुतबेवाली महिला से बात करके गद्‌गद थी।

जब वह कोई गम्भीर बात करने के लिए अपनी आवाज धीमी करती तो उसका पति समय-समय पर उसे टोकता, "मदाम फोलेनवी, आपके लिए बेहतर है कि आप चुप रहें।" लेकिन वह उसकी ओर ध्यान दिए बिना इस तरह बोलती रहती : हाँ, मदाम, ये लोग बस हमारे आलू और सूअर का गोश्त नहीं खा रहे हैं बल्कि हमारा सारा सुअर का गोश्त और आलू खाये जा रहे हैं। आप ये न सोचें कि वे ठीक-ठाक लोग हैं। अरे नहीं! वे ऐसी गन्दी हरकतें करते हैं! जरा उन्हें दिन में घंटों कवायद करते हुए देखिए। कभी मार्च करते हुए आगे जाते हैं तो कभी मार्च करते हुए पीछे आते हैं। कभी इधर तो कभी उधर। वे अपने देश में खेती करते होंगे या कम से कम सड़कें बनाने का काम करते होंगे। लेकिन मदाम, ये सैनिक किसी के लिए फायदेमन्द नहीं हैं। गरीब लोगों को उनका पेट भरना पड़ता है। न करें तो जान से हाथ धोना पड़े। मदाम, ये सही है कि मैं पढ़ी-लिखी नहीं हूँ, लेकिन जब मैं किसी को सुबह से रात तक गुस्सा करके अपनी सेहत चौपट करते हुए देखती हूँ तो मैं कहती हूँ-'जब इतने सारे लोग बेकार पड़े हैं तो फिर किसी को गड़बड़ी करने के लिए जहमत उठाने की क्या जरूरत है? लोगों की हत्या करना, चाहे वह प्रशियाई हो या अंग्रेज, पोलिश हो या फ्रांसीसी, बिल्कुल गलत है। यदि किसी ने कोई नुकसान किया और दूसरा उसका बदला लेता है तो उसे सजा दी जाती है , लेकिन जब वे हमारे लड़कों को मौत के घाट उतारते हैं, जैसे शिकार कर रहे हों तो इसके लिए उन्हें पुरस्कृत किया जाता है, बल्कि सबसे ज्यादा तबाही मचानेवालों को सबसे बढ़कर तमगे मिलते हैं।' मेरी समझ में यह बात कभी नहीं आई।"

कोर्नूदे ने कहा, "जंग के नाम पर शान्तिपूर्ण पड़ोसी पर हमला करना बर्बरता है। लेकिन जब कोई अपने देश की रक्षा करता है तो यह पवित्र कार्य बन जाता है।"

बूढ़ी औरत ने सिर झुका लिया, "हाँ, यदि कोई अपनी रक्षा करता है तो यह अलग बात है। लेकिन क्यों नहीं उन राजाओं को मार डालने का बीड़ा उठाया जाता, जो अपनी खुशी के लिए लोगों को जंग की आग में झोंक देते हैं?"।

कोर्नूदे की आँखें चमक उठीं, "धन्य है मेरे देश की औरत!" उसने कहा।

कार्रे-लमादों इस सारे प्रकरण पर विचार कर रहा था। हालाँकि उद्योगपति होने के कारण उसके अपने विचार थे लेकिन इस किसान औरत की समझ ने उसे यह हिसाब लगाने पर मजबूर कर दिया था कि अगर सारे शरारती तत्त्वों और अनुत्पादक फौजियों को किसी औद्योगिक काम में लगा दिया जाए तो कितनी

समृद्धि पैदा होगी!

ल्वासो ने उठते समय होटल–मालिक से धीरे से कुछ कहा। बूढ़ा आदमी जोर से ठहाका लगाकर हँस पड़ा और उसने प्रशियाइयों के जाने के बाद वसन्त में छः पेटी शराब खरीदने का वादा किया।

खाना खत्म होने के साथ ही यात्रियों पर थकान हावी होने लगी और वे अपने कमरों की ओर चल दिए।

लेकिन ल्वासो की नजरों ने कुछ ताड़ लिया था। पत्नी के सोने के बाद ल्वासो ने अपने कान दीवार के एक छेद के साथ लगा दिए जिससे वह उन चीजों का पता लगा सके जिन्हें 'गलियारे के रहस्य' कहा जाता है।

एक घंटे बाद कुछ आहट सुनाई दी। दरवाजे में बने सुराख से उसने देखा, सफेद लेस से सजा नीले रंग का ऊनी सोने का गाउन पहने चर्बी की गुड़िया, जो और मोटी लग रही थी, चली जा रही है। उसके हाथ में मोमबत्ती थी। वह गलियारे के छोरवाले बड़े दरवाजे की ओर जा रही थी। लेकिन बगल का एक दरवाजा खुल गया और कुछ मिनट बाद जब वह वापस लौटी तो उसके पीछे कोर्नूदे भी आ रहा था। दोनों ने रुककर धीमी आवाज में कुछ बात की। चर्बी की गुड़िया पूरी ताकत से उसे कमरे में घुसने से रोक रही थी। पहले धीमी आवाज में हो रही बातचीत अब तेज आवाज में होने लगी थी। दुर्भाग्य से ल्वासो ज्यादा कुछ नहीं सुन सका, लेकिन कुछ बातें जरूर छनकर उस तक पहुंच गईं।

कोर्नूदे लड़की से कह रहा था, "आओ न, तुम तो बेवकूफ हो, इससे क्या नुकसान हो सकता है!''

उसने जवाब में कहा, "नहीं प्यारे, कभी कभी ऐसे मौके आते हैं जब ऐसी चीजें ठीक नहीं होती हैं। यहाँ ऐसा करना शर्मनाक होगा।''

वह समझा नहीं और फिर से इसकी वजह पूछी। इस पर वह ऊँची आवाज में बोल पड़ी, ''क्यों? तुमको यह बात समझ नहीं आती कि प्रशियाई हमारे घरों में घुस चुके हैं, बल्कि हमारे बगल के कमरे में ही हैं।"

वह चुप था। वेश्या की इस देशभक्तिपूर्ण शर्म ने कोर्नूदे की सोई गरिमा को भी जगा दिया। लड़की को बस चूमने के बाद वह तेजी से अपने कमरे में चला गया।

ल्वासो बहुत रोमांचित था। उसने दरवाजे में बने छेद से हटकर कमरे में एक चक्कर लगाया, पायजामा पहना और अपनी हड़ियल संगिनी को चूमकर अचानक जगा दिया और फुसफुसाते हुए बोला, ''प्रिये, क्या तुम मुझसे प्यार करती हो?''

पूरे होटल में शान्ति छा चुकी थी। लेकिन थोड़ी ही देर बाद कहीं से, शायद तहखाने से, या फिर दुछत्ती से जोरदार खर्राटों की आवाजें आने लगीं। ऐसा लग रहा था मानो कोई बड़ी–सी केतली फदक रही हो। मि. फोलेनवी सो चुके थे।

अपनी योजना के अनुसार उन्हें दूसरे दिन सुबह आठ बजे उठकर आगे की यात्रा। के लिए रवाना होना था। सुबह सारे यात्री रसोई में एकत्र हो चुके थे। लेकिन गाड़ी, जिसकी छत पर बर्फ पड़ी थी, घोड़ों और कोचवान के बगैर होटल परिसर में खड़ी थी। उन्होंने अस्तबल से लेकर हर जगह कोचवान की तलाश कर डाली, लेकिन वह नहीं मिला। हारकर वे उसे खोजने के लिए बाहर निकल पड़े। थोड़ी ही देर में वे एक चौराहे पर थे जिसके एक तरफ गिरजाघर और दूसरी ओर छोटे–छोटे मकान बने हुए थे। उन्हें यहाँ कुछ प्रशियाई सैनिक दिखे। इनमें से एक आलू छील रहा था। थोड़ा आगे जाने पर एक अन्य सैनिक नाई की दुकान साफ करता हुआ मिला। एक दूसरा, जिसकी आँखों तक दाढ़ी थी, एक रोते बच्चे को गोद में लेकर शान्त करने का प्रयास कर रहा था। किसान औरतें, जिनके पति सेना के साथ गए हुए थे, अपने विजेताओं को इशारे से बता रही थीं कि उन्हें क्या करना है : लकड़ी काटने, शोरबा पकाने, कॉफी के बीज पीसने से लेकर कुछ भी करने को एकदम तैयार। इनमें से एक तो अपनी मेजबान, एक बूढ़ी नानी के कपड़े तक धो रहा था।

काउण्ट यह सब देख आश्चर्यचकित था। उसने चर्च के एक कर्मचारी से जब इस बारे में पूछा तो उस बुजुर्ग व्यक्ति ने कहा :

"ओह! ये लोग दुष्ट नहीं हैं। ये वे प्रशियाई नहीं हैं, जिनके बारे में हम सुनते हैं। ये कहीं दूरदराज क्षेत्रों से आए हैं, जिसके बारे में मुझे कोई जानकारी नहीं है। ये देश में अपनी पत्नी और बच्चों को छोड़कर आए हैं। मैं पूरे भरोसे के साथ कह सकता हूँ, ये भी अपने घरों को याद करके रोते होंगे। वे उतने ही दुखी हैं, जितने कि हम लोग। यहाँ पर फिलहाल उतना दुख नहीं है, क्योंकि वे हमें कोई नुकसान नहीं पहुँचाते हैं और यहाँ पर वे वैसे ही काम करते हैं जैसे अपने घरों पर करते होंगे। गरीबों को एक–दूसरे की मदद करनी ही पड़ती है। ये सब युद्ध की देन है।''

कोर्नूदे को विजेताओं और पराजितों के बीच धनिष्ठ रिश्ता पच नहीं रहा था और उसने होटल में रहना ज्यादा मुनासिब समझा। ल्वासो इस मौके पर भी मजाक करने से नहीं चूका, "ये लोग इस जगह को नये सिरे से आबाद करेंगे।''

मि. कार्र–लमादों ने गम्भीरता के साथ कहा, "वे अपनी गलतियाँ सुधार रहे हैं।''

बहरहाल उन्हें अपना कोचवान नहीं मिला। काफी देर तक खोजने के बाद आखिरकार वह उन्हें कस्बे के एक कफे में मिला, जहाँ वह तोपखाने के अफसर के साथ बैठा था। काउण्ट ने उसे आवाज दी:

''क्या तुम्हें आठ बजे तैयार रहने को नहीं कहा गया था?''

''हाँ, कहा तो गया था, लेकिन उसके बाद मुझे एक और आदेश दिया गया था।''

"किसने दिया?"
"प्रशियाई कमाण्डर ने।"
"उसने क्या आदेश दिया?"
"गाड़ी न तैयार करने का।"
"क्यों?"
"इसके बारे में मुझे कोई जानकारी नहीं है। बेहतर होगा, आप उन्हीं से जाकर पूछे। उन्होंने मुझे गाड़ी न तैयार करने का हुक्म दिया था और मैंने वही किया।"
"क्या उन्होंने तुमको यह आदेश खुद दिया?"
"नहीं, उनकी तरफ से होटल–मालिक ने आदेश दिया।"
"कब की बात है यह?"
"कल रात जब मैं सोने जा रहा था।"
तीनों पुरुष परेशानहाल वापस होटल लौट आए। उन्होंने फोलेनवी के बारे में पूछा तो नौकर ने बताया कि दमे के मरीज होने के कारण वह दस बजे से पहले नहीं उठते और आग लगने के अलावा किसी और कारण से उसके पहले न जगाने की उन्होंने सख्त हिदायत दे रखी है।
वे अफसर से मिलना चाहते थे, लेकिन यह असम्भव था। क्योंकि होटल में रहने के दौरान सिर्फ फोलेनवी ही उससे नागरिक मामलों पर बातचीत कर सकता था। उनके सामने प्रतीक्षा करने के सिवा और कोई रास्ता न था। महिलाएँ अपने कमरों में चली गईं और बेकार के कामों में जुट गईं।
कोर्नूदे रसोई की बड़ी चिमनी के पास बैठ गया, जहाँ तेज आग जल रही थी। उसने कफे से एक छोटी गेज गँगाई तथा बीअर का ऑर्डर दिया। इसके बाद उसने अपना पाइप सुलगा लिया जो लोकतंत्र प्रेमियों के बीच खुद उसके जैसी ही अहम जगह रखता थाय क्योंकि कोर्नूदे की सेवा करने के जरिए वह अपने देश की सेवा कर रहा था। उसका पाइप बेहद खूबसूरत था। उसका रंग अपने मालिक के दाँतों की तरह ही काला था लेकिन वह चमकदार, पकड़ने में आसान और हर तरह से उपयुक्त था। कोर्नूदे निश्चल बैठा था, उसकी आँखें चिमनी के नीचे जलती आग की लपटों और अपने प्रिय पेय पर जमी हुई थीं। बीअर के हर घूट के साथ वह सन्तुष्ट भाव से अपनी पतली उँगलियाँ अपने बचे–खुचे खिचड़ी बालों में फिराता, और फिर बीअर की झाग से भीगी मूंछों को चाटता था।
टाँगें सीधी करने के बहाने ल्वासो देहात के दुकानदारों से अपनी शराब के लिए ऑर्डर लेने निकल गया। काउण्ट और मिल–मालिक ने राजनीति पर चर्चा शुरू कर दी। उन्हें फ्रांस का भविष्य साफ दिखाई दे रहा था। एक को ऑरलियंस1 दोहराये जाने का भरोसा था तो दूसरे को एक ऐसे अज्ञात नायक की प्रतीक्षा थी

जो निराशा के दौर में देश की रक्षा करने को अचानक प्रकट हो जाएगा–कोई गुएसक्लें या जोन ऑफ आर्क या क्या पता एक और नेपोलियन प्रथम सामने आ जाए! काश, राजकुमार .. अभी बच्चे न होते!

कोर्नूदे उनकी बातें सुनते हुए इस तरह मुस्कुरा रहा था जैसे भविष्य का पता सिर्फ उसे ही हो। उसके पाइप से निकलता धुआँ रसोई में खुशबू बिखेर रहा था।

जैसे ही दस बजे, फोलेनवी आता दिखाई दिया, उन्होंने जल्दी–जल्दी उस पर सवाल दागने शुरू कर दिए लेकिन उसने बगैर किसी हेर–फेर के दो–तीन बार यही शब्द दोहराए :

"अफसर ने मुझसे कहा–'देखो फोलेनवी, यह तुम्हारी जिम्मेदारी है कि इन यात्रियों को ले जाने के लिए कल गाड़ी न तैयार की जाए। मेरे आदेश के बगैर वे यह कस्बा नहीं छोड़ेंगे। बस, आगे कुछ नहीं।"

उन्होंने अफसर से मिलने की इच्छा जताई। काउण्ट ने उसे अपना कार्ड भेजा, जिस पर कार्र–लमादों ने अपना नाम तथा सारी उपाधियाँ भी लिख डालीं। प्रशियाई ने कहलवाया कि नाश्ता लेने के बाद यानी दोपहर एक बजे वह इन दोनों से मिलेगा।

महिलाएँ एक बार फिर खाने की मेज पर इकट्ठा हुई और खामोशी से थोड़ा–बहुत खाना खाया। चर्बी की गुड़िया बीमार और परेशान लग रही थी।

वे लोग अपनी कॉफी खत्म कर रहे थे कि अफसर की तरफ से बुलावा आ गया। ल्वासो भी उनके साथ हो लिया। उन लोगों ने अफसर के सामने और गम्भीर प्रभ: ाव छोड़ने के इरादे से कोर्नूदे को भी साथ चलने के लिए कहा लेकिन उसने गर्व से यह कहते हुए इनकार कर दिया कि उसे जर्मनों से कोई लेना–देना नहीं। वह फिर आग के पास जाकर बैठ गया और एक लिटर बीअर का आदेश दे दिया।

सीढ़ियाँ चढ़ने के बाद जब वे तीनों अफसर के कमरे में घुसे तो उन्होंने पाया कि यह होटल का सबसे शानदार कमरा था। आरामकुर्सी पर बैठे जर्मन अफसर ने अपने पाँव सामने मेण्टलपीस पर टिका रखे थे। वह एक लम्बा पोर्सलेन का पाइप पी रहा था और उसने एक भड़कीला ड्रेसिंग गाउन पहन रखा था जो निस्सन्देह घटिया पसन्दवाले किसी व्यक्ति के घर से लूटा गया था। वह न कुर्सी से उठा, न उनका अभिवादन लिया बल्कि वह उनकी तरफ देख भी नहीं रहा था। यह सब सैनिक विजेता में तब्दील हो गए बदमाश के स्वाभाविक पाजीपन की गवाही देता था।

(ऑरलियंस–फ्रांस का एक शहर जिसे 1429 में जोन ऑफ आर्क के नेतृत्व में अंग्रेजी कब्जे से मुक्त कराने के साथ ही फ्रांसीसियों की जीत का सिलसिला शुरू हो गया था।)

कुछ पल बाद उसने कहा, "क्या चाहते हैं आप लोग?"
काउण्ट अब प्रवक्ता की भूमिका में आ गया, "सर, हम अपनी यात्रा आगे जारी रखना चाहते हैं।"
"नहीं।"
"क्या मैं इनकार का कारण पूछ सकता हूँ?"
"क्योंकि मेरी इच्छा नहीं है।"
"लेकिन मैं आपको सादर ध्यान दिलाना चाहूँगा कि आपके जनरल–इन–चीफ ने हमें दिएप जाने की अनुमति दी है और जहाँ तक मुझे जानकारी है, हमने भी आपकी शान में कोई गुस्ताखी नहीं की है।"
"मैं नहीं चाहता–बस, इतना ही काफी है। आप लोग जा सकते हैं।"
तीनों ने झुककर अभिवादन किया और लौट गए।
दोपहर काफी उदास रही। वे यह अनुमान नहीं लगा पा रहे थे कि जर्मन अफसर क्या चाहता है। सबके दिमाग में एक ही विचार कौंध रहा था कि कोई बड़ी मुसीबत आनेवाली है। सब रसोई में जमा थे और उनके बीच इस मसले पर अन्तहीन बहस जारी थी। उनके मन में दुनिया भर की आशंकाएँ जन्म ले रही थीं। शायद उन्हें बन्धक बनाकर रखा गया है लेकिन किस कारण से? या उन्हें बन्दी बना लिया जाएगा–या शायद रिहाई की एवज में मोटी रकम माँगी जाएगी। ये विचार आते ही उनमें दहशत समा गई। जो जितना अमीर था, वह उतना ही डरा हुआ था। उन्हें अभी से दिख रहा था कि वे अपनी जान के बदले इस धृष्ट सैनिक अफसर को सोने की थैलियाँ चढ़ा रहे हैं। वे अपनी समृद्धि को छिपाकर गरीबों जैसा दिखने के उपाय सोचने में लग गए। ल्वासो ने अपनी घड़ी में लगी सोने की चेन को उतारकर जेब में छिपा लिया। रात घिरने के साथ ही उनका डर बढ़ गया। रात के भोजन में अभी दो घंटे का समय बाकी था इसलिए मदाम ल्वासो ने ताश खेलने का प्रस्ताव रखा। इससे सबका ध्यान बँटा रहेगा। सबने इस प्रस्ताव को खुशी–खुशी स्वीकार कर लिया। कोर्नूदे पाइप पी चुका था और वह भी विनम्रता दिखाते हुए खेल में शामिल हो गया।
काउण्ट पत्ते फेंट रहा था और चर्बी की गुड़िया पहले दौर में ही हारकर बाहर हो गई। खेल में वे ऐसा रमे कि दिलों में समाया डर भूल–सा गया। कोइँद देख रहा था कि ल्वासो यहाँ भी धूर्तता से काम ले रहा था।
जब वे खाने की मेज पर जा रहे थे तभी मि. फोलेनवी फिर दिखाई दिए और खरखराती आवाज में जोर से कहा :
"प्रशियाई अफसर ने मुझे मिस एलिजाबेथ रूसे से यह पूछने का आदेश दिया है कि क्या उन्होंने अपना फैसला बदल दिया?"

चर्बी की गुड़िया खड़ी रह गई और उसका चेहरा पीला पड़ गया। फिर अचानक उसका चेहरा लाल हो गया और उसका गुस्सा उबल पड़ा। पहले तो वह कुछ नहीं बोल सकी। आखिरकार वह भड़ककर बोली, "तुम उस गन्दे जानवर, उस बेवकूफ मुर्दार प्रशियाई से जाकर कह सकते हो कि मैं अपना फैसला नहीं बदलूँगी, नहीं, नहीं, कभी नहीं, समझे तुम?"

होटल–मालक चला गया। यात्रियों ने चर्बी की गुड़िया को चारों ओर से घेर लिया और अफसर के साथ हुई उसकी बातचीत के बारे में पूछने लगे। उसने पहले तो प्रतिरोध किया लेकिन फिर परेशान होकर बोल पड़ी, "वह क्या चाहता है? सचमुच आप यह जानना चाहते हैं कि वह क्या चाहता है? वह मेरे साथ सोना चाहता है।"

सबकी जबान पर ताले लग गए। क्षोभ से उनको बोलने के लिए शब्द नहीं मिल रहे थे। कोर्नूदे ने इतने जोर से मेज पर मुक्का मारा कि गिलास गिरकर टूट गया। इस घृणित सैनिक के खिलाफ रोष के स्वर फूट पड़े, गुस्से का एक प्रस्फोट–सा हुआ, एक प्रतिरोधी एकजुटता फौरन कायम हो गई, मानो उस लड़की से वसूली जा रही कुर्बानी के साथ–साथ उनमें से हरेक से माँग की गई हो। काउण्ट ने अधिकारपूर्ण स्वर में कहा, "उन्होंने साबित कर दिया है कि वे असभ्य और जंगली हैं।" महिलाओं ने विशेष रूप से चर्बी की गुड़िया के प्रति हमदर्दी जताई। दोनों भली ननों ने, जो सिर्फ खाने के वक्त ही दिखाई देती थीं, अपने सिर झुका लिये और कुछ नहीं कहा।

बहरहाल, गुस्से की पहली लहर गुजर जाने के बाद उन्होंने खाना खा लिया, . लेकिन बातचीत काफी कम हुई। वे सोच रहे थे।

महिलाएँ खाना खाकर जल्द ही कमरे में सोने चलीं गईं। पुरुष वहाँ बैठे पाइप पीते रहे। उन्होंने ताश खेलने का फैसला किया और फोलेनवी को भी आमंत्रित किया। वे उससे अफसर को मनाने के बारे में कुछ पूछना चाहते थे, पर वह पूरी तरह खेल में रमा हुआ था मानो उनकी बातें उसे सुनाई ही नहीं दे रही हों। कुछ पूछने पर वह कहता, "खेल पर ध्यान दीजिए, सर, खेल पर।" वह ऐसा डूबा था कि बँखारकर कफ निकालना भी भूल गया। उसके सीटी मारते फेफड़ों से पूरी सरगम निकल रही थी–गहरे भारी सुरों से लेकर मुर्गे की कुड़कुड़ाहट तक। वह खेल में इतना रम चुका था कि एक नींद पूरी करके आई पत्नी के बुलाने पर भी नहीं उठा। आखिरकार वह अकेले ही सोने चली गई, क्योंकि वह जल्दी सोने और सुबह तड़के उठनेवाली महिलाओं में से थी जबकि उसका पति उल्लू की तरह दोस्तों के साथ पूरी रात काट देनेवालों में था। फोलेनवी ने उसे आवाज दी, "मेरा क्रीम लगा मुर्गा आग के पास रख देना!" और फिर खेल में रम गया। जब यात्रियों ने देखा कि फोलेनवी से उन्हें कुछ हासिल होनेवाला नहीं तो उन्होंने

खेल बन्द कर सोने का फैसला किया।

अगले दिन वे सब जल्दी ही उठ गए। उनके मन में कहीं से यह उम्मीद थी कि शायद उन्हें यात्रा की अनुमति मिल जाए। एक और दिन उस भयानक सराय में गुजारने का भय इस उम्मीद को और बढ़ा रहा था।

पर आज फिर घोड़े अस्तबल में ही थे और कोचवान गायब था। कुछ नहीं सूझा तो वे यूँ ही जाकर गाड़ी के इर्द–गिर्द टहलने लगे।

सुबह का नाश्ता किसी को अच्छा नहीं लग रहा था और यह साफ था कि मोटी लड़की के प्रति लोगों के व्यवहार में एक ठण्डापन आ गया था। रात के दौरान, जब मन शान्त होता है, उन्होंने अपने फैसले में कुछ सुधार कर लिया था। वे मन ही मन लगभग यह मना रहे थे कि काश, प्रशियाई अफसर को रात में चुपके से यह लड़की मिल जाती और उसके सहयात्रियों को सुबह एक सुखद आश्चर्य होता। इससे बेहतर क्या हो सकता था? और फिर किसी को पता भी कहाँ चलता! वह अफसर से कह सकती थी कि उससे अपने साथियों की परेशानी नहीं देखी जा रही थी, इसलिए वह उसका कहा मान रही है। वैसे भी ऐसी लड़कियों को इन सब बातों का ज्यादा फर्क नहीं पड़ता!

लेकिन कोई भी अभी इस विचार को प्रकट करने की हिम्मत नहीं रखता था।

दोपहर में जब वे बोरियत से मरे जा रहे थे तो काउण्ट ने गाँव की तरफ घूमकर आने का प्रस्ताव रखा। सबने गर्म कपड़े लपेटे और एक छोटा–सा दल गाँव की ओर निकल पड़ा, बस कोर्नूदे और दोनों ननें उनके साथ नहीं गईं। कोर्नूदे आग के पास जाकर जमा रहा। दोनों ननों का ज्यादा समय गिरजाघर में बीतता था या पादरी के पास।

धीरे–धीरे ठण्ड बढ़ती जा रही थी। उनके नाक और कान ठण्ड से लाल हो रहे थे। पैर सुन्न हो रहे थे। उनके लिए एक–एक कदम उठाना मुश्किल हो रहा था। थोड़ी देर बाद वे मैदान में पहुँचे जो पूरी तरह बर्फ से ढंका हुआ था। अन्तहीन सफेदी के इस विस्तार ने उन्हें और अधिक उदास कर दिया। वे सब भारी दिल से वहाँ से तुरन्त वापस हो लिये।

चारों महिलाएँ तीनों पुरुषों से आगे चल रही थीं। ल्वासो, जो हालात को समझ रहा था, अचानक पूछ बैठा कि क्या उन्हें लगता है कि वह लड़की उन्हें यहाँ रोके हुए है? हमेशा शिष्टता बरतनेवाले काउण्ट ने कहा कि यदि वह अपनी इच्छा से जाए तो ठीक अन्यथा इतनी बड़ी कुर्बानी के लिए उस पर दबाव नहीं डाल सकते। मि. कार्र–लमादों ने आशंका जताई कि यदि फ्रांसीसी सेना दिएप के रास्ते वापसी करती है तो दोनों सेनाओं के बीच टोटे में भिड़न्त होने की पूरी सम्भावना है। यह बात सुनकर दोनों और परेशान हो गए।

ल्वासो ने पूछा, "क्या हम यहाँ से पैदल नहीं जा सकते?"
काउण्ट ने कन्धे उचकाते हुए कहा, "इस हिमपात में पत्नियों के साथ पैदल जाने के बारे में हम सोच भी नहीं सकते। यदि हमने ऐसा किया भी तो वे दस मिनट के अन्दर हमारा पीछा करके हमें पकड़ लेंगे। हमें बन्दी बना लिया जाएगा और हम सब इन सैनिकों की दया पर होंगे।"
यह बात सच थी और एक बार फिर उन्होंने चुप्पी साध ली।
महिलाएं अपने कपड़ों के बारे में बातें कर रही थीं, लेकिन उनकी बातों में खाली–पन का एक एहसास था। अचानक सड़क पर सामने की ओर से जर्मन अफसर आता दिखाई दिया। वर्दी में कसी उसकी लम्बी, ततैया जैसी आकृति बर्फीले मैदान की पृष्ठभूमि में साफ दिख रही थी। वह टाँगें खोलकर मार्च–सा करता आ रहा था। यह एक खास सैनिक ढंग की चाल होती है जिसका मकसद होता है कि बड़े ध्यान से चमकाये गए जूते आपस में घिसकर बदरंग न हो जाएँ।
महिलाओं की बगल से गुजरते हुए उसने अपना सिर झुकाकर उनका अभिवादन किया, जबकि पुरुषों की तरफ हिकारतभरी निगाह डालकर आगे बढ़ गया। पुरुषों ने भी उसकी तरफ न देखकर अपने सम्मान को बरकरार रखा। सिर्फ ल्वासो ने अपना हैट उठाने का इशाराभर किया।
चर्बी की गुड़िया के कान गुस्से से लाल हो गए और उसके साथ चल रही महिलाओं को खासा अपमानबोध हुआ, क्योंकि वे उस लड़की के साथ चल रही थीं जिसके साथ अफसर इतने अशिष्ट ढंग से पेश आया था।
लेकिन जल्द ही उस अफसर की कदकाठी और उसका चेहरा–मोहरा उनकी बातों का विषय बन गया। मदाम कार्र–लमादों चूँकि कई अफसरों को नजदीक से जानती थी, इसलिए वह खुद को इन मामलों का विशेषज्ञ मानती थी। उसे यह अफसर खासा भा गया था, यहाँ तक कि उसे इस बात का मलाल था कि वह फ्रेंच नहीं था, नहीं तो वह एक ऐसा खूबसूरत हुस्सार साबित होता जिसका साथ पाने के लिए औरतें लालायित रहतीं।
होटल लौटकर फिर किसी के पास कोई काम नहीं था। इन परिस्थितियों के बारे में कुछ तीखी टिप्पणियाँ की गईं। खाने की मेज पर भी लोग चुप्पी साधे रहे और भोजन लेने के तुरन्त बाद लोग सोकर समय बिताने के लिए अपने–अपने कमरों में चले गए।
अगले दिन सुबह एक बार फिर सब इकट्ठा हुए। अब उनके चेहरों पर परेशानी साफ झलक रही थी। महिलाएँ अब चर्बी की गुड़िया से इक्का–दुक्का शब्द ही बोल रही थीं।
तभी गिरजाघर की घण्टियाँ सुनाई दीं। शायद किसी का बपतिस्मा हो रहा था।

चर्बी की गुड़िया के एक बच्चा था जो ईवेतो में किसानों के पास पल रहा था। पिछले एक साल से उसने बच्चे को देखा नहीं था, उसे याद तक नहीं किया था। लेकिन किसी बच्चे के बपतिस्मा का खयाल आते ही उसके मन में अपने बच्चे के लिए कोमल भावनाएँ जोर मारने लगी और समारोह में शामिल होने की उसकी इच्छा जाग उठी।

जैसे ही वह रवाना हुई, सबने आँखों ही आँखों में एक–दूसरे को देखा और कुर्सियाँ आसपास खींचकर बैठ गए। वे अब इस मसले का कोई अन्तिम हल ढूँढ़ना चाहते थे। ल्वासो को एक बात सूझी : चर्बी की गुड़िया को यहाँ छोड़कर उन्हें आगे . जाने की अनुमति दे दी जाए।

उन्होंने मि. फोलेनवी के जरिये अफसर तक अपनी बात पहुँचाई, लेकिन थोड़ी ही देर बाद वह वापस आ गया। जर्मन मानव–स्वभाव को अच्छी तरह जानता था और उनकी एक नहीं सुनी थी। उसने यह संकेत दे दिया कि उसकी इच्छा पूरी होने तक सब को यहीं रुकना पड़ेगा।

अब मिसेज ल्वासो का गुस्सा फट पड़ा। उसने कहा :

"हम यहाँ बूढ़े होकर मरने तक नहीं पड़े रहेंगे। अगर इस औरत का धन्धा ही हर किस्म के लोगों के साथ सोने का है तो वह एक और को कैसे इनकार कर सकती है। मैं कह सकती हूँ कि रूएन में वह किसी में अन्तर नहीं करती थी, यहाँ तक कि कोचवानों के साथ भी सो चुकी होगी। हाँ, मदाम, प्रीफेक्ट के कोचवान! मैं अच्छी तरह इस बात को जानती हूँ क्योंकि कोचवान हमारे यहाँ से ही शराब ले जाया करता था। आज इसी औरत के कारण हमें यहाँ सड़ना पड़ रहा है, यह सब्र की इन्तहा है। मेरे खयाल से अफसर अपनी जगह बिल्कुल ठीक है। वह लम्बे समय से अकेलापन सह रहा है और निस्सन्देह वह हम तीनों में से किसी को चुन सकता था, लेकिन नहीं, वह तो साझा सम्पत्ति से ही तसल्ली करने को तैयार है। वह विवाहित महिलाओं का सम्मान करना जानता है। और हमें यह नहीं भूलना चाहिए कि यहाँ वह मालिक है। उसे केवल कहने भर की देर थी, 'मुझे यह चाहिए, और उसके सैनिक हमें जबरन उठाकर ले जाते।"

दोनों महिलाओं के शरीर में सिहरन दौड़ गई। खूबसूरत मदाम लमादों की आँखें चमक उठीं और उसका चेहरा पीला पड़ गया, मानो वह अफसर को वाकई उसे उठाकर ले जाते देख रही हो।

पुरुष बैठकर इस मसले पर विचार–विमर्श करने लगे। गुस्से से बौराया ल्वासो चाहता था कि 'उस बदजात' को हाथ–पाँव बाँधकर दुश्मन के पास पहुँचा दिया जाए। लेकिन काउण्ट की तीन पीढ़ियाँ राजदूतों से जुड़ी रही थीं और उसे कूटनीति का गुण विरासत में मिला था। वह होशियारी से काम लेने के पक्ष में

था। उसने कहा :
"बेहतर है कि हम मिलकर कुछ फैसला करें।" वे बैठकर साजिश रचने लगे। महिलाएँ अलग बैठी धीमी आवाज में बतिया रही थीं। हर कोई सुझाव दे रहा था और बात इधर-उधर भटक रही थी। सभी कुछ बहुत सौहार्दपूर्ण था। महिलाएँ एकदम अजीबोगरीब बातें भी बड़ी नजाकत और सलीके से कह रही थीं। वे जिस तरह की भाषा का प्रयोग कर रही थीं, उसे सुनकर कोई भी अजनबी कुछ नहीं समझ पाता। वे काफी विनम्र नजर आ रही थीं और इस तरह की बातों से उनके शरीर में बिजलियाँ कौंध रही थीं। वे काफी उत्साहित थीं और पूरी रौ में थीं। वे बड़े प्यार और ऐन्द्रिकता के साथ बातें कर रही थीं, जैसे कोई लालची रसोइया अपने मालिक के लिए स्वादिष्ट व्यंजन तैयार कर रहा हो!
इन बातों में उन्हें इतना मजा आने लगा कि उनके दिलों में रौनक लौट आई। काउण्ड को कुछ लतीफे फीके लगे, लेकिन वे इतनी अच्छी तरह सुनाये गए थे कि उसे मुस्कुराना पड़ा। ल्वासो ने कुछ अश्लील किस्म के लतीफे सुनाए, लेकिन इस बार किसी ने बुरा नहीं माना। सबके दिमाग में मदाम ल्वासो की यह निर्मम बात घूम रही थी : 'उसका यही धन्धा है, तो अफसर के साथ सोने में उसे क्यों परहेज है?' मदाम कार्र-लमादों शायद सोच रही थी कि चर्बी की गुड़िया की जगह वह होती तो एक बार से ज्यादा कभी न मना करती।
उन्होंने उसे घेरने की योजना पर विस्तार से चर्चा की मानो किसी दुर्ग को घेरने जा रहे हों। सबने अपनी-अपनी भूमिका बाँट ली। उन्होंने हमले की योजना तय की, बहाने सोचे, अचानक धावा बोलकर चौंका देने के उपाय सोचे ताकि यह जीता-जागता दुर्ग दुश्मन को अपने कमरे में स्वीकार करने के लिए तैयार हो जाए।
कोर्नूदे इन बातों से अलग रहा और इस बहस में उसने कोई दिलचस्पी नहीं दिखाई।
वे अपनी बातों में इतने व्यस्त थे कि चर्बी की गुड़िया के अन्दर आने की उन्हें खबर तक नहीं हुई। काउण्ट ने धीमे से 'श्श्श!' की आवाज की। सबकी आँखें उसकी ओर घूम गईं। अचानक छा गई चुप्पी से लड़की हिचकिचा गई और कुछ देर के लिए वे भी सकपका गए। काउण्टेस ऐसे दोहरेपन की औरों से ज्यादा आदी थी। उसने प्यार-भरे अन्दाज में उससे पूछा, "क्या बपतिस्मा का कार्यक्रम अच्छा रहा?"
मोटी लड़की में भावनाएँ उफान मारने लगीं। उसने कार्यक्रम के बारे में विस्तार से बताया। उसने कहा, "कभी-कभी प्रार्थना करना अच्छा होता है।"
दोपहर के भोजन के समय इन महिलाओं का लड़की के प्रति व्यवहार नम्र था।

वे उसका विश्वास जीतना चाहती थीं। खाने की मेज पर बातचीत शुरू हुई। यह बातचीत बलिदान के उदाहरणों से शुरू हुई।

उन्होंने प्राचीन उदाहरण दिए–जूडिथ और होलोफरनेस, ल्यूक्रेस और सेक्सटस और फिर क्लियोपेट्रा की कहानी सुनाई गई कि वह कैसे अपने रूप का इस्तेमाल कर दुश्मनों को अपने बस में कर लिया करती थी। फिर इन जाहिल धनपशुओं की कल्पना में उपजी एक विचित्र कहानी उसे सुनाई गई कि कैसे रोम की औरतें कापुआ गई थी ताकि वे हन्नीबाल और उसके अफसरों और उसके भाड़े के सिपाहियों को फुसलाकर अपनी बाँहों में सुला दें। उन्होंने उन तमाम औरतों की कहानियाँ सुनाईं जिन्होंने दुश्मन के हाथ में पड़ने के बाद अपने शरीर को जंग का मैदान और सफलता का हथियार बना लिया। उन्होंने एक अंग्रेज परिवार का भी किस्सा सुनाया जिसने अपनी एक औरत को एक खतरनाक बीमारी से संक्रमित कराया, ताकि वह बोनापार्ट को बीमार कर सके, लेकिन किसी चमत्कार के चलते बोनापार्ट इस संक्रामक बीमारी से बच गया।

ये कहानियाँ ऐसे रोमांचित कर देनेवाले और उत्साह से भर देनेवाले अन्दाज से सुनाई जा रही थीं कि उन्हें सुनकर कोई भी इनके अनुकरण के लिए तैयार हो जाए।

इन कहानियों को सुनने के बाद कोई भी महिला इस बात पर आँख मूंदकर विश्वास कर सकती थी कि उसका एकमात्र कर्तव्य अपने रूप का बलिदान करना और विजेता सैनिकों की शारीरिक जरूरतों को पूरा करना ही है।

दोनों ननें वहाँ मौजूद रहकर भी अपने खयालों में खोई थीं। चर्बी की गुड़िया ने कुछ नहीं कहा। पूरी दोपहर उन्होंने उसे सोचने दिया। वे अब उसे 'मदाम' के बजाय मदमोजाल (*कुमारी*) कहकर पुकारने लगी थीं। शायद वे उसका दर्जा नीचे गिराकर उसे उसकी शर्मनाक स्थिति का एहसास कराना चाहती थीं।

रात का खाना लगने के दौरान मि. फोलेनवी एक बार फिर वहाँ आए और रटे हुए अन्दाज में बोले, "प्रशियाई अफसर ने मुझे मिस एलिजाबेथ रूसे से यह पूछने का आदेश दिया है कि क्या उन्होंने अपना फैसला बदल दिया है?"

चर्बी की गुड़िया ने रूखे अन्दाज में कहा, "नहीं, मोस्यू (*श्रीमान*)।"

भोजन के दौरान गठबन्धन फिर कमजोर पड़ गया। ल्वासो ने तीन बार नाराजगी में कोई टिप्पणी की। हर किसी ने नये उदाहरण पेश करने के लिए दिमाग दौड़ाया लेकिन किसी को कुछ नहीं सूझा। काउण्टेस को उस समय धार्मिक उपदेश की सख्त जरूरत महसूस हुई। काउण्टेस ने बड़ी नन से सन्तों के परोपकार की कहानियाँ सुनाने का आग्रह किया। इन सन्तों के कई कृत्य आज अपराध माने जाते लेकिन चर्च ने उन्हें क्षमा कर दिया क्योंकि वे भगवान के गौरव

या मानवता की भलाई के लिए किए गए थे। यह एक ताकतवर दलील थी। काउण्टेस ने इस पर काफी जोर दिया।

कुल मिलाकर, नन ने जाने–अनजाने साजिश को पुरजोर समर्थन दिया था। उन्होंने उसे दब्बू समझ रखा था, लेकिन उसने दिखा दिया था कि वह साहसी, बड़बोली, यहाँ तक कि उग्र भी हो सकती है। ऐसा लगता था कि वह अपनी आस्था पर अडिग है और उसका भरोसा अटूट है। उसने कहा कि अब्राहम का बलिदान तो बहुत सरल था। वह खुद भी दैवी आदेश पर अपने माता या पिता की हत्या कर सकती थी। उसके विचार में कुछ भी बुरा नहीं था, अगर उद्देश्य उच्च हो तो भगवान कभी नाराज नहीं होगा। काउण्टेस ने अपनी अनजान सहयोगी की बात को बल प्रदान करने के लिए कहा, "साध्य साधन को उचित ठहराता है।"

फिर उसने उससे पूछा, "तो मेरी बहन, तुम यह मानती हो न कि अगर उद्देश्य अच्छा हो तो भगवान आपकी भावनाओं को स्वीकार करता है?"

"इसमें कोई शक नहीं है, मदाम! अगर किसी गलत काम के पीछे भी उद्देश्य पवित्र हो तो वह सद्कार्य बन जाता है।"

दोनों ननें महिलाओं को सन्तों की कहनियाँ सुनाने लगीं। बीच–बीच में वे उनके सवालों के जवाब भी दे रही थीं। इन ननों की बातों का असर चर्बी की गुड़िया पर होता दिखाई दे रहा था। अब बातचीत का रुख थोड़ा बदल गया था। दोनों ननों ने अपने बारे में बताना शुरू किया। उन्होंने बताया कि चेचक से ग्रस्त सैकड़ों सैनिकों की देखभाल के लिए उन्हें हाव के अस्पतालों से बुलावा भेजा गया है। लेकिन प्रशियाई अफसर की उच्छृंखलता के कारण उन्हें यहाँ रुकना पड़ा है। उनके यहाँ रुकने से बड़ी संख्या में फ्रांसीसी सैनिक मर जाएँगे जिनकी जान शायद बचाई जा सकती थी! सैनिकों की सेवा करना उनकी विशेषता थी। वे क्रीमिया, इटली, आस्ट्रिया में रह चुकी थीं। उन्होंने बताया कि वे जंग के दौरान युद्धभूमि से घायलों को निकालकर अस्पतालों तक पहुँचाती थीं। बड़ी नन के चेहरे पर मौजूद अनगिनत दाग युद्ध की विभीषिका की दास्तान को और असरदार बना रहे थे।

उनकी बातों का ऐसा प्रभाव पड़ा कि लोगों के पास कहने के लिए अब कोई बात ही नहीं बची। जल्द ही सभी अपने–अपने कमरों में चले गए और दूसरे दिन काफी देर बाद नीचे उतरे।

नाश्ते के दौरान चुप्पी छाई रही। वे बीज को अँखुआने और फल देने के लिए समय दे रहे थे। खाने के बाद काउण्टेस ने बाहर घूमने का प्रस्ताव रखा, जिसे सहर्ष स्वीकार कर लिया गया। काउण्ट चर्बी की गुड़िया की बाँह में बाँह डाले उनके पीछे चल रहा था। अपनी प्रतिष्ठा का लाभ उठाते हुए वह अभिभावक की

भूमिका में आ गया था। वह उसे 'मेरी बच्ची' जैसे सम्बोधनों से पुकार रहा था। जल्द ही वह मुख्य मुद्दे पर आ गया :

"तो तुमने यह फैसला किया है कि हम यहीं रहें और पराजय के बाद होनेवाली हिंसा का सामना करें क्योंकि तुम एक बार वह समर्पण करने को तैयार नहीं हो जो तुम जीवन में न जाने कितनी बार कर चुकी हो?"

चर्बी की गुड़िया ने कोई जवाब नहीं दिया।

फिर काउण्ट ने स्नेहपूर्वक, तर्कों से और अन्ततः भावनात्मक दबाव से उसे कमजोर करने की कोशिश की। वह जानता था कि आग्रही या स्नेहिल दिखाते हुए भी किस प्रकार 'काउण्ट' बने रहा जाता है। वह लड़की को कुर्बानी के लिए उकसाने लगा और फिर अचानक खुशमिजाजी से कहा :

"प्रिय, शायद तुमको यह नहीं पता कि उसके पास डींग हाँकने को यह हो जाएगा कि वह एक खूबसूरत लड़की को जानता था, जो बात उसके देश में मुश्किल है।"

चर्बी की गुड़िया ने काउण्ट को कोई जवाब नहीं दिया और आगे बढ़कर अन्य लोगों के साथ हो ली।

जैसे ही वे वापस होटल में पहुँचे, चर्बी की गड़िया अपने कमरे में चली गई। बाकी लोग इस दुविधा में पड़े थे कि वे क्या करें। बेचैनी अपने चरम पर थी। अगर वह ऐसे ही अड़ी रही तो क्या होगा?

भोजन का वक्त आया। वे बैठे प्रतीक्षा कर रहे थे। आखिरकार मि. फोलेनवी कमरे में आए और कहा कि मिस रूसे की तबियत ठीक नहीं है, इसलिए वे भोजन पर नहीं आएँगी। सबके कान खड़े हो गए। काउण्ट होटल–मालिक के पास आया और धीमी आवाज में पूछा :

"क्या, वह अन्दर है?"

"हाँ।"

सुविधा के लिए काउण्ट मुँह से कुछ नहीं बोला सिर्फ सिर हिला दिया। तुरन्त ही सबने राहत की साँस ली और उनके चेहरे पर चमक आ गई। ल्वासो ने जोर से कहाः

"यदि यहाँ शैम्पेन मिल सके तो मैं उसकी कीमत चुकाने को तैयार हूँ।"

थोड़ी ही देर बाद होटल–मालिक को चार बोतलों के साथ आता देख मिसेज ल्वासो के सीने पर साँप लोट गए।

अचानक ही सब बातचीत करने लगे। सबके चेहरे पर खुशियाँ दिखाई दे रही थीं। काउण्ट को अचानक लगा कि मदाम लमादों वाकई सुन्दर है और मिल–मालिक काउण्टेस पर फिदा हो रहा था। सबकी बातों में जीवन्तता और रौनक आ गई थी।

अचानक ल्वासो ने दोनों हाथ उठाए और कहा, "शान्त!" सबने आश्चर्यचकित हो चुप्पी साध ली, बल्कि वे डर-से गए। उसने कान लगाकर कुछ सुनने की कोशिश की और 'श्श्श !' की आवाज की। उसकी आँखें और हाथ छत की ओर थे, जैसे। वह कुछ सुनने की कोशिश कर रहा हो। फिर उसने स्वाभाविक अन्दाज में कहा, "सब ठीक चल रहा है, कहीं कोई दिक्कत नहीं है।"

पहले तो वे समझ नहीं पाये, लेकिन जल्द ही वे जोरदार ठहाके के साथ हँस पड़े। पन्द्रह मिनट बाद ल्वासो ने फिर यही हरकत दोहराई। पूरी शाम यही सिलसिला चलता रहा। बीच-बीच में वह ऊपर की मंजिल पर किसी को आवाज देने का नाटक करता और कोई द्विअर्थी सलाह देता था। कभी-कभी वह आह भरकर कहता, "बेचारी लड़की!" फिर वह गुस्से से दाँत पीसते हुए कहता, "ओह! प्रशियाई बदमाश!" कभी-कभी वह दुखी-सी आवाज बनाकर कहता, "बहुत हो गया! बहुत हो गया!" और फिर मानो स्वयं से बात करते हुए कहता, "काश, हम उसे दोबारा देख पाते। अरे, क्या उस बेचारी को मार ही डालेगा!"

ये सारे मजाक घटिया थे पर वे इसका आनन्द ले रहे थे। कोई भी इनसे आहत नहीं था क्योंकि उनके इर्द-गिर्द का माहौल ऐन्द्रिक विचारों से भरा हुआ था।

खाने के बाद मीठा खाते हुए महिलाओं ने भी इशारों-इशारों में कुछ मजाक किए। उनकी आँखें चमक रही थीं। वे बहुत अधिक पी चुकी थीं। काउण्ट ने अपनी तुलना उस क्षत-विक्षत जहाज के नाविकों से की जिन्हें जमीन दिख जाती है। इसे काफी पसन्द किया गया।

ल्वासो अचानक उठ खड़ा हुआ। उसके हाथ में शैम्पेन से भरा गिलास था। उसने कहा, "यह जाम हमारी मुक्ति के नाम!" सबने जोरदार आवाज में सहमति जताई। यहाँ तक कि दोनों ननों ने भी शराब को अपने होंठों से लगा लिया, जिसका स्वाद उन्होंने कभी नहीं चखा था। उनके मुताबिक उसका स्वाद तेज लेमोनेड जैसा था, बल्कि थोड़ा बेहतर।

ल्वासो जारी रहा, "यह दुर्भायपूर्ण है कि हमारे पास आज जश्न मनाने के लिए पियानो नहीं है, वरना हम क्वाड्रिल नाच सकते थे।"

कोर्नूदे ने कुछ नहीं कहा और न ही कोई इशारा किया। वह गहरी सोच में डूबा हुआ लग रहा था। कई बार उसके चेहरे पर नाराजगी के भाव उभर जाते थे। आधी रात के आसपास उन लोगों ने अपने कमरों में जाने का फैसला किया। ल्वासो ने चलते-चलते कोर्नूदे के पेट में धौल जमाते हुए कहा, "तुम खुश नहीं दिख रहे हो। न ही तुमने कुछ कहा है।" कोर्नूदे ने अचानक सिर उठाया और उन सब पर तीखी, भयंकर दृष्टि फेरते हुए कहा, "मैं कहे देता हूँ, तुम सब कमीनेपन के दोषी हो!" वह उठा और दरवाजे की ओर जाते हुए दोबारा बोला, "हाँ, तुम

लोगों ने कमीनापन किया है!'' वह अपने कमरे की ओर चला गया।

कुछ देर तक सन्नाटा छाया रहा। ल्वासो हक्का–बक्का रह गया। लेकिन फौरन ही वह इससे उबर गया और हँसते हुए कहा, "दोस्तो, वह ईर्ष्या से जल रहा है।'' वे समझे नहीं, इसलिए फिर ल्वासो ने उस रात का गलियारेवाला किस्सा सुना डाला। फिर से हँसी–ठट्ठे का माहौल बन गया। महिलाएँ तो हँस–हँसकर पागल हुई जा रही थीं। काउण्ट और कार्र–लमादों की आँखों से हँसते हुए आँसू निकल पड़े। उन्हें इस बात पर यकीन नहीं हो रहा था।

''ऐसा कैसे हो सकता है? क्या तुम यकीन के साथ कह सकते हो?''

''मैंने अपनी आँखों से देखा है।''

"और उसने इनकार कर दिया था...''

''हाँ, क्योंकि प्रशियाई अफसर बगल के कमरे में था।''

"असम्भव!''

"मैं कसम खा सकता हूँ!''

काउण्ट के ठहाके रोके नहीं रुक रहे थे। उद्योगपति दोनों हाथों से पेट पकड़कर हँस रहा था। ल्वासो जारी था :

"अब आप समझ सकते हैं कि आज शाम को उसे कुछ भी अच्छा क्यों नहीं लग रहा था! कुछ भी नहीं!" और हँसी के मारे बेदम हुए तीनों फिर चालू हो गए।

वे अपने कमरों में चले गए। मिसेज ल्वासो ने बिस्तर पर जाते समय पति से कहा कि कार्र–लमादों की पत्नी का चेहरा शाम से ही ईर्ष्या से पीला दिख रहा था। उसने कहा, "तुम जानते हो, कुछ औरतों को सैनिक बहुत पसन्द आते हैं, उनके लिए सब बराबर होते हैं, चाहे वे फ्रेंच हों या प्रशियाई! ओह! कितने शर्म की बात है!''

गलियारे के अँधेरे में पूरी रात फुसफुसाहट जैसी धीमी आवाजें और नंगे पैर चलने की आहटें सुनाई देती रहीं। वे देर रात तक सोए नहीं थे यह तो तय था क्योंकि दरवाजों के नीचे से रोशनी की लकीरें काफी समय तक दिखती रहीं। शैम्पेन अपना असर दिखा रही थी। कहते हैं, यह नींद में खलल डालती है।

अगले दिन मौसम साफ था और सर्द धूप में बर्फ चमक रही थी। गाड़ी होटल के सामने तैयार खड़ी थी। गुलाबी आँखों और पंखों पर काले धब्बेवाले सफेद कबूतरों की फौज छः घोड़ों के पैरों के बीच लीद में अपनी आजीविका की तलाश कर रही थी।

कोचवान भेड़ की खाल ओढ़े तैयार था। उसने सीट के नीचे सिगड़ी सुलगा दी थी और प्रसन्नचित्त यात्री रास्ते के लिए कुछ खाने का बन्दोबस्त कर अपना सामान समेट रहे थे। वे बस चर्बी की गड़िया का इन्तजार कर रहे थे। थोड़ी

देर बाद वह भी आ गई।
उसके चेहरे पर थोड़ी परेशानी और शर्मिन्दगी के भाव थे। वह धीमी चाल में अपने सहयात्रियों की ओर बढ़ी, जो सब एक साथ ऐसे मुड़ गए मानो उसे देखा ही न हो। काउण्ट ने गरिमापूर्ण ढंग से अपनी पत्नी की बाँह पकड़ी और उसे इस अपवित्र स्पर्श से दूर ले गया।
चर्बी की गुड़िया सकपकाकर रुक गई। फिर हौसला जुटाकर वह मिल–मालिक की पत्नी के पास पहुंची और विनम्रता से अभिवादन किया। उसने धीमे से सिर हिला दिया। सभी व्यस्त दिख रहे थे और उससे दूरी बनाये हुए थे। मानो वह अपने घाघरे में कोई संक्रामक रोग छिपाये हो। फिर वे जल्दी से गाड़ी में सवार हो गए, जबकि चर्बी की गुड़िया सबसे बाद में, अकेले सवार हुई और अपने पहलेवाले स्थान पर बैठ गई।
उनके हाव–भाव ऐसे थे मानो वह उस चर्बी की गुड़िया को जानते ही न हों, उसे देख ही नहीं रहे हों। हालाँकि मदाम ल्वासो ने दूर से उसे देखते हुए अपने पति के कान में फुसफुसाकर कहा, "अच्छा हुआ, मुझे उसके साथ नहीं बैठना पड़ा।"
भारी गाड़ी चलने लगी और शेष यात्रा शुरू हो गई। शुरू में कोई कुछ नहीं बोला। चर्बी की गुड़िया ने नजरें झुका रखी थीं। उसे अपने सहयात्रियों पर गुस्सा और शर्म दोनों महसूस हो रहे थे। इन्हीं लोगों के दबाव के चलते उसे प्रशियाई अफसर के सामने समर्पण करना पड़ा था और अब वे उससे अजनबी की तरह व्यवहार कर रहे थे।
असहनीय होती चुप्पी को तोड़ने की गरज से काउण्टेस ने मदाम कार्र–लमादों की ओर मुड़कर पूछा, "शायद आप मदाम द'एत्रेले को जानती हैं?"
"हाँ, वह मेरी अच्छी मित्र हैं।"
"बेहद आकर्षक महिला है वो।"
"निस्सन्देह, स्वभाव से भी बहुत विनम्र और उच्च शिक्षित होने के साथ–साथ वे एक अच्छी कलाकार हैं। वे बेहतरीन गायक और अच्छी चित्रकार भी हैं।"
मिल–मालिक और काउण्ट बातें कर रहे थे और खिड़कियों के काँच की झनझनाहट के बीच–बीच में 'कूपन–प्रीमियम–लिमिट–अन्तिम तिथि' जैसे शब्द सुनाई दे जाते थे।
ल्वासो होटल से पुराने ताश के पत्ते चुरा लाया था जो पिछले पांच साल से खाने। की मेज पर पड़े रहने के कारण बदरंग और तेल की चिकनाई से चिपचिपे हो गए थे। वह अपनी पत्नी के साथ 'बाजिक' खेलने लगा।
दोनों ननों ने कमरपेटी से लम्बी जपमाला निकाली, सीने पर सलीब का निशान बनाया और होठों में तेजी से बुदबुदाना शुरू कर दिया मानो वे पूरे 'ओरेमस' का

पाठ कर रही हों! वे बार–बार अपने गले में लटके पवित्र चिह्न को चूमतीं, सीने पर सलीब बनातीं और प्रार्थना करने लग जातीं।

कोर्नूदे चुपचाप बैठा सोच रहा था।

तीन घंटे बाद ल्वासो ने ताश के पत्तों को किनारे रख दिया और कहा, "मुझे भूख लगी है!"

उसकी पत्नी ने एक पुलिन्दा निकाला जिसमें पके गोमांस का एक टुकड़ा था। उसने इसे बराबर से पतले–पतले कतलों में काटा और दोनों बड़े मजे से खाने लगे। काउण्टेस ने कहा, "क्यों न हम भी ऐसा ही करें!"

वे सहमत हो गए और काउण्टेस ने दोनों दम्पतियों के लिए तैयार किया गया खाना निकाला। चीनी खरगोश की तस्वीर से सजे ढक्कनवाली रकाबी में सुअर के मांस और अन्य चीजों से बना स्वादिष्ट व्यंजन था। साथ में अखबार में लिपटा ग्रुएर पनीर का चौकोर टुकड़ा रखा था।

दोनों ननों ने एक बड़ी–सी सॉसेज निकाली, जिससे पूरे वातावरण में लहसुन की महक फैल गई। कोर्नूदे ने अपने कोट की जेब में दोनों हाथ डाले और उबले अण्डे तथा एक ब्रेड का टुकड़ा निकाला। उसने अण्डों के छिलके उतारकर उन्हें अपने पैरों के पास पुआल में फेंक दिया और अण्डों को खाना शुरू कर दिया। अण्डों से गिरे जर्दी के टुकड़े उसकी दाढ़ी में छितर गए जिन्हें देखकर ऐसा लग रहा था मानो अँधियारे में पीले सितारे टिमटिमा रहे हों!

चर्बी की गुड़िया हड़बड़ी और अन्यमनस्कता में कुछ लाने के बारे में सोच नहीं पाई थी। उसके चेहरे पर परेशानी और गुस्से के भाव आ रहे थे। उसके सामने बैठे लोग मजे लेकर खा रहे थे और किसी ने उससे एक बार भी नहीं पूछा। उसके पूरे शरीर में गुस्से की लहर दौड़ गई। उसने उन पर चिल्लाने, उन्हें अपनी नफरत की बाढ़ में डुबो देने के लिए मुँह खोला ही था, लेकिन क्षोभ के कारण उसका गला रुंध गया।

कोई भी उसकी तरफ ध्यान नहीं दे रहा था। वह खुद इन मक्कार शरीफजादों की हिकारत में डूबी हुई महसूस कर रही थी जिन्होंने पहले उसकी बलि चढ़ाई और फिर बेकार की चीज की तरह उसे खारिज कर दिया। उसे खाने के सामान से भरी अपनी टोकरी और उसमें रखे शोरबे में डूबे मुर्गे, फल और बोतलें भी याद आ रहे थे। अचानक उसका गुस्सा समाप्त हो गया जैसे बेहद तान दिया गया कोई धागा अचानक टूट जाए। उसे अब रोना आ रहा था। उसने अपने आँसुओं को रोकने का भरसक प्रयास किया, लेकिन आँखों की कोर से आँसुओं की बूँद गालों पर होती टपक ही पड़ी, जैसे पत्थरों के बीच से रिसकर पानी की पतली धार निकल रही हो। वह झुककर बैठी थी और उसकी निगाहें एक जगह जमी

थीं। आँखों से निकले आँसू उसके सीने को भिगो रहे थे। उसे उम्मीद थी कि कोई उसे नहीं देख रहा था।

लेकिन काउण्टेस ने उसे देख लिया था, उसने इशारा करके अपने पति को बताया। उसने कन्धे झटक दिए, जैसे कह रहा हो, 'इसमें मैं क्या कर सकता हूँ, इसमें मेरा तो कोई दोष नहीं है।'

मिसेज ल्वासो मन ही मन जीत की हँसी हँस रही थी। उसने फुसफुसा कर कहा, "वह शर्म के मारे रो रही है।" दोनों ननों ने बची हुई सॉसेज को कागज में लपेटकर फिर प्रार्थना करनी शुरू कर दी।

अण्डे पचाने के लिए कोर्नूदे ने अपने पाँव सामने की सीट तक फैला दिए, बाँहों को मोड़कर सीने पर रखा और इस तरह मुस्कुराने लगा जैसे कोई मजेदार प्रहसन देख रहा हो। उसने 'मार्सेइएज'(फ्रांसीसी क्रान्ति के दौरान जन्मा फ्रांस का राष्ट्रगीत)

की धुन पर सीटी बजानी शुरू कर दी।

सभी के चेहरे स्याह हो गए। जाहिर था कि यह लोकप्रिय गीत उसके पड़ोसियों को नहीं भा रहा था। वे बेचैन और परेशान हो उठे और उन कुत्तों की तरह दिखने लगे जो कोई भयानक वाद्य सुनकर गला फाड़कर चिल्लाने लगते हैं। वह यह जानता था लेकिन रुका नहीं। कभी–कभी वह इन शब्दों को गुनगुनाता था :

'देश के प्रति सच्चा प्यार बदला लेने को करे पुकार आजादी, प्यारी आजादी

लड़ते चलो, काहे का डर!'

उनकी गाड़ी की गति तेज हो गई थी। शायद वह ठोस बर्फ पर चल रही थी। लेकिन ऊबड़–खाबड़ सड़क पर लग रहे झटकों के बीच दिएप तक की लम्बी, उदास यात्रा के दौरान, घिरती रात के बीच, गाड़ी के गाढ़े अँधेरे में कोर्नूदे लगातार प्रतिशोधी भाव से, एकरस धुन बजाता रहा और साथ बैठे लोगों को मजबूरन उन सीटियों के साथ गाने की पंक्तियाँ याद दिलाता रहा।

चर्बी की गुड़िया लगातार रो रही थी। बीच–बीच में वह खुद पर काबू नहीं रख पाती थी और धुंधलके में बैठे लोगों की दो कतारों के बीच उसकी सिसकी गूंज उठती थी।

पितृहत्या

वकील ने उसे पागल ठहराया था, नहीं तो इतने अजीब अपराध का कारण और क्या हो सकता था?

एक सुबह चेटोन के निकट नरकंटो में एक–दूसरे की बाँहों में लिपटे दो मृत शरीर पाए गएकृ एक पुरुष और दूसरी उसकी पत्नी। वह समाज में अच्छा जाना–माना, धनी, प्रौढ़, गत वर्ष से विवाहित थाय औरत तीन वर्ष पूर्व पहले पति को खो चुकी थी।

उनका कोई शत्रु नहीं था और उनको लूटा भी नहीं गया था। साफ तौर पर लोहे की छड़ों से पीटकर मारने के बाद किनारे पर नदी में फेंका गया था।

जूरी की छानबीन से किसी बात का पता नहीं चला। नाविकों से पूछताछ की गईय वे कुछ भी नहीं जानते थे। मामले को बंद किया ही जा रहा था कि पड़ोसी गाँव का बढ़ई जॉर्ज लुई, जो भद्र के नाम से जाना जाता था, ने खुद को पेश किया।

उसने सारे प्रश्नों का उत्तर देने से इनकार कर दिया, सिवाय इसके–

"मैं उस आदमी को दो वर्षों से और उस औरत को छह महीनों से जानता था।

वे प्रायः मेरे पास पुराने फर्नीचर की मरम्मत के लिए आया करते थे, क्योंकि मैं अच्छा काम करता था।"

जब उससे पूछा गया कि 'फिर तुमने उन्हें जान से क्यों मार दिया?' तो उसने हठपूर्वक उत्तर दिया, "मैंने उन्हें मार डाला, क्योंकि मैं उन्हें मार डालना चाहता था।"

इससे अधिक उससे पता नहीं चल सका।

वह आदमी निस्संदेह जॉर्ज था जिसे पहले जनपद की नर्स को सौंपा गया था और बाद में छोड़ दिया गया था। उसका कोई नाम नहीं था सिवाय जॉर्ज लुई के, परंतु ज्यों ही वह बड़ा हुआ, उसने अपनी रुचियों और स्वाभाविक कोमलता से, जो उसके साथियों में बिलकुल नहीं था, अपने आपको असाधारण बुद्धिमान् सिद्ध किया। इसीलिए उसका उपनाम 'भद्र' पड़ गया था तथा इस नाम के अतिरिक्त किसी और नाम से पुकारा नहीं जाता था। व्यवसाय के कारण उसे कुशल बढ़ई माना जाता था। वह लकड़ी में थोड़ी–बहुत नक्काशी करने का काम भी कर लेता था। यह भी कहा जाता था कि अपनी आर्थिक स्थिति के अनुकूल उसके अपने विचार थेय वह साम्यवादी सिद्धांतों का अनुसरण करता था, यहाँ तक कि नाशवाद का भी। वह साहसी और खूनी जासूसी उपन्यासों को पढ़ने का शौकीन था, वह श्रमिकों अथवा किसानों के वाद–विवाद समितियों में बोलनेवाला चतुर वक्ता था।

वकील ने उसे पागल ठहराया था।

सच देखा जाए तो यह कैसे माना जा सकता है कि उसने अपने सबसे अच्छे ग्रा. हकों को मार डाला जो धनी और उदार थे (जैसाकि उसने माना), वे जिन्होंने दो वर्षों में इतना काम दिया था, जिससे उसने तीन हजार फ्रेंक(जैसा उनकी बही में दर्ज था) कमाया था। इसकी एक ही व्याख्या थीकृपागलपनय उस आदमी ने अपने वर्गचारित्र को छोड़कर, अपने आपको श्रेष्ठ मानकर दो भले व्यक्तियों की हत्या करके समाज से बदला ले रहा था। यह उसके उपनाम 'भद्रजन' से साफ संकेत है, जिसे इसके पड़ोसियों ने दिया था– वकील कहता रहा।

"स्थिति की विडंबना पर ध्यान दीजिए!" वह चिल्लाया, "क्या यह दुःखी युवक जिसका न बाप है न माँ, इससे अधिक प्रबल उत्तेजना के योग्य नहीं था क्या? यह एक उत्कट प्रजातंत्रवादी है, नहीं, यह उस राजनैतिक पार्टी से संबद्ध है, जिसके सदस्यों को कभी सरकार गोली मार देना चाहती थी, देश निकाला देना चाहती थी, लेकिन आज खुले हाथों उनका स्वागत करती है, वह पार्टी जिसका पहला उसूल आगजनी है।

"इन शोचनीय सिद्धांतों ने, जिनका वाद–विवाद समितियों में स्वागत किया

जाता है, इस युवक को बर्बाद कर दिया। एम. केम्बेटा और एम. ग्रेवी के खून की माँग करनेवाले प्रजातंत्र पार्टी के पुरुषों और औरतों को भी इसने सुना है और इसका रोगग्रस्त मस्तिष्क वशीभूत हो गया हैय यह खून का प्यासा है, कुलीन लोगों के खून का प्यासा! ''यह आदमी नहीं कम्युनिस्ट है, महोदय, जिसे दंडित करना चाहिए!''

सहमति की फुसफुसाहट इधर–उधर दौड़ने लगी। यह प्रायः महसूस किया जा रहा था कि वकील बहस जीत चुका हैय सरकारी सरकारी ने कोई उत्तर नहीं दिया।

फिर न्यायाधीश ने अभियुक्त से पारंपरिक प्रश्न किया, "अभियुक्त, क्या तुम अपनी सफाई में कुछ और कहना चाहोगे?''

आदमी खड़ा हो गया। वह कद–काठी में नाटा था, सन के–से बाल, स्थिर, चमकीली भूरी आँखें। इस दुर्बल युवक के गले से एक प्रबल, उदार और सुरीली आवाज निकली और अपने पहले ही शब्दों से लोगों का विचार बदल दिया जो उन्होंने इसके प्रति बनाया था।

वह ऊँचे आलंकारिक ढंग से बोला लेकिन इतना स्पष्ट कि उसका धीमे–से–धीमा शब्द भी कोर्टरूम के दूसरे छोर तक सुनाई देता था।

''न्यायाधीश महोदय, चूँकि मैं पागलखाने जाना नहीं चाहता और यहाँ तक कि फाँसी को प्राथमिकता देता हूँ, इसलिए मैं आपको सबकुछ बता दूंगा।

''मैंने उस पुरुष और औरत की इसलिए हत्या की क्योंकि वो मेरे माता–पिता थे।

"अब आप मेरी बात सुनिए और न्याय कीजिए। एक औरत ने बेटे को जन्म देकर उसे नर्स के पास छोड़ दिया। उस नर्स को मासिक खर्च भी नहीं दिया गगा। उस नवजात शिशु को एक अपरिचित जगह पर मरने के लिए छोड़ दिया गया।

''जिसने मुझे दूध पिलाया था वह औरत निष्कपट थी–अधिक सच्ची, अधिक स्त्रीत्वयुक्त, महान् आत्मा, मेरी अपनी माँ से अच्छी माँ। उसने मुझे पाला। वह अपना दायित्व निभाने में असमर्थ थी। अभागे व्यक्तियों को मृत्यु के लिए छोड़ देना ही बेहतर है जिन्हें गाँवों में इस तरह फेंक दिया जाता है जैसे सड़कों के किनारे कूड़ा–करकट!

''मैं इस संदिग्ध विचार के साथ बड़ा हुआ कि मैं स्वयं में की अपमानजनक हूँ। एक दिन दूसरे बच्चों ने मुझे दोगली संतान कहा! उनको इस शब्द का अर्थ नहीं आता था। उनमें से एक ने अपने घर पर सुना था। न ही मुझे इसका अर्थ पाता था परंतु मैंने भाँप लिया।

''मैं सच्चाई से कह सकता हूँ कि स्कूल में अत्यंत बुद्धिमान् बच्चों में से मैं भी एक था। मुझे एक सच्चा व्यक्ति होना चाहिए था, श्रीमान शायद एक स्मरणीय

व्यक्ति यदि मेरे माता–पिता ने मुझे छोड़ने का अपराध न किया होता!

"और यह अपराध मेरे ही विरुद्ध किया गया। मैं पीडित व्यक्ति था और वे पापी। मैं रक्षाविहीन और वे दयाहीन। उन्हें मुझे प्यार करना चाहिए था, परंतु बहिष्कृत कर दिया।

"मेरा जीवन उनका ऋणी था, परंतु जीवन क्या उपहार है? कुछ भी हो, मेरा जीवन दुर्भाग्यपूर्ण था। मेरे लज्जापूर्ण परित्याग के बाद मुझे उन्हें प्रतिकार के अतिरिक्त कुछ भी नहीं देना था। उन्होंने मेरे विरुद्ध अत्यंत अमानवीय, अत्यंत लज्जाकर, अत्यंत राक्षसी अपराध किया था। एक अपमानित व्यक्ति चोट करता है, लूटा जानेवाला व्यक्ति अपनी शक्ति से लूटा गया माल वापस ले लेता है, एक धोखा खाया हुआ व्यक्ति, एक ठगा हुआ व्यक्ति, एक संतप्त व्यक्ति हत्या करता हैय मुँह पर तमाचा खाया हुआ व्यक्ति हत्या करता है, एक अपमानित व्यक्ति हत्या करता है। मुझे क्रूरतापूर्वक लूटा गया, धोखा दिया गया, संतप्त किया गया, मुँह पर तमाचा मारा गया, उन आदमियों से अधिक अपमानित किया गया जिनके गुस्से को आप क्षमा कर देते हैं।

"मैंने स्वयं बदला लिया है, मैंने हत्या की है। यह मेरा नैसर्गिक अधिकार था। मैंने उस भयानक जीवन, जो उन्होंने मुझपर थोपा था, के बदले में उनका सुखी जीवन ले लिया।

"आप इसे पितृहत्या कहेंगे! मेरे माता–पिता कहाँ हैं, वे व्यक्ति जिनपर घृणित बोझ थाय एक भय, एक कलंक का धब्बाय जिनके लिए मेरा जन्म संकट था और मेरा जीवन लज्जा के लिए धमकी! उन्होंने स्वार्थपूर्ण खुशी ढूँढ़ी, बच्चा पैदा किया जिसकी इच्छा नहीं थी। उन्होंने इस बच्चे का शमन कर दिया। उनको उसी प्रकार प्रतिफल देने की मेरी बारी थी।

"और फिर भी अंत में मैं उनसे प्यार करने को तैयार था।

"अब दो वर्ष हो गए, जैसा मैं आपको पहले ही बता चुका हूँ, जब मेरा पिता पहली बार मेरे घर आया था, मुझे किसी प्रकार की शंका नहीं थी। उसने फर्नीचर की दो वस्तुओं का ऑर्डर दियाय मुझे बाद में पता चला कि गाँव के पादरी से खुफिया वायदे के अंतर्गत उसने जानकारी प्राप्त की थी।

"वह प्रायः आता, मुझे काम देता और कुछ पैसे भी देता। कभी–कभी विभिन्न विषयों पर मुझसे बातचीत भी करता। मैंने उसके लिए थोड़ा–बहुत प्यार महसूस किया।

"इस वर्ष के आरंभ में वह अपनी पत्नी, मेरी माँ, को लाया। जब वह अंदर आई तो जोर से काँप रही थी मैंने सोचा कि उसके नर्वससिस्टम में कोई दिक्कत होगी। उसने कुर्सी और एक गिलास पानी माँगा। उसने कुछ नहीं कहा और

पागलों की तरह मेरे माल को घूरती रही और मेरे द्वारा पूछे गए प्रश्नों का उसने कोई भी उत्तर नहीं दिया–केवल हाँ और न के सिवाय। जब वह चली गई तो मैंने सोचा कि उसका दिमाग कुछ ठीक नहीं है।

''वह अगले महीने फिर आई। वह शांत थी। उस दिन काफी लंबे समय तक वो बातें करते रहे और मुझे एक बड़ा ऑर्डर दिया। बिना शंकित हुए, मैंने उसे तीन बार देखा, परंतु एक दिन, वह मेरे जीवन के बारे में, मेरे बचपन के बारे में, मेरे माता–पिता के बारे में बातें करने लगी। मैंने उत्तर दिया– 'मैडम, मेरे माता–पिता दुरात्मा थे, जिन्होंने मुझे त्याग दिया।' इसपर उसने अपना हाथ दिल पर रखा और बेहोश होकर गिर गई। मैंने तुरंत विचार कियाकृ 'यही मेरी माँ है!' परंतु अपना शक जाहिर न करने के लिए मैं सावधान था। मैं चाहता था कि वह आती–जाती रहे।

''इस तरह अपने बारे में मैंने पूछताछ की। मुझे पता चला कि उनका विवाह अभी गत जुलाई में हुआ था, मेरी माँ केवल तीन वर्षों तक विधवा रही थी। काफी अफवाहें थीं कि पहले पति के जीवनकाल में ये दोनों प्रेमी थे, परंतु कोई सबूत सामने नहीं आ रहा था। मैं ही सबूत था जिसको पहले छिपाए रखा और अंत में नष्ट करने की आशा किए, बैठे रहे।''

''मैंने प्रतीक्षा की। वह शाम आई, हमेशा की तरह मेरे पिता के साथ। उस दिन वह अत्यंत उत्तेज़ित प्रतीत हो रही थी, मैं नहीं जानता क्यों? फिर जब वह जा रही थी, उसने मुझसे कहा, 'तुम्हें मेरी शुभकामनाएँ, क्योंकि मेरा विश्वास है कि तुम निष्कपट लड़के हो और अच्छे कारीगर। इसमें शक नहीं कि तुम एक दिन विवाह के लिए सोचोगे– मैं तुम्हारे लिए यह संभव बनाने के लिए आई हूँ कि तुम स्वतंत्रता से अपनी पसंद की लड़की चुन लो। मैंने पहली बार अपने दिल की इच्छाओं के विरुद्ध विवाह किया था। इसलिए जानती हूँ कि इससे कितना कष्ट होता है। अब मैं अमीर हूँ, बिना बच्चे के, स्वतंत्र, अपनी संपत्ति की मालिक। यह है तुम्हारे विवाह का अंश।

''उसने एक बड़ा लिफाफा मुझे थमा दिया।''

''मैंने आँखें जमाते हुए उसको घूरा, फिर पूछा–क्या तुम मेरी माँ हो?''

''वह तीन कदम पीछे हट गई और अपनी आँखों को हाथों से ढाँप लिया ताकि वह मुझे और न देख सके। उस आदमी ने, मेरे पिता ने उसे अपनी बाँहों का सहारा दिया और मुझपर चिल्लाया– 'तुम पागल हो।'

'''नहीं, बिलकुल नहीं,' मैंने उत्तर दिया, 'मैं भली–भाँति जानता हूँ कि आप लोग मेरे माता–पिता हैं। मुझे आसानी से धोखा नहीं दिया जा सकता। इसको मान लें और मैं आपका भेद बनाए रखूँगा, किसी प्रकार की ईर्ष्या नहीं करूँगा। मैं

आज जो कुछ हूँ, वही रहूँगा–बढ़ई।"

"वह अभी भी अपनी पत्नी को सहारा देते हुए दरवाजे की तरफ मुड़ा, उसने सिसकियाँ भरनी शुरू कर दी थीं। मैंने दौड़कर दरवाजे में ताला लगा दिया और चाबी अपनी जेब में रख ली तथा कहना जारी रखाकृ'मेरी तरफ देखो और फिर इनकार करो कि वह मेरी माँ नहीं है।'

"इसपर उसने आत्म–नियंत्रण खो दिया और पीला पड़ गया, इस विचार से भयभीत होकर कि जिस कलंक को अब तक छिपाए रखा वह अब एकाएक सामने आ जाएगा, उनकी स्थिति, उनकी ख्याति, उनका मान कृएक ही झटके में समाप्त हो जाएँगे।

'तुम नीच हो, ' वह चिल्लाया, 'तुम हमसे पैसा हथियाना चाहते हो। लोग फिर भी कहते हैं कि साधारण आदमियों से अच्छा व्यवहार करो, आपत्तिकाल में उनकी सहायता करो, मूर्ख आदमी।'

"मेरी माँ व्याकुलता से बार–बार दोहराती रही–

"आओ चलें, आओ चलें!"

"दरवाजे पर ताला क्यों लगाया", वह चिल्लाया–

""यदि तुम तुरंत दरवाजा नहीं खोलते तो मैं तुम्हें डराकर पैसा उगाही और आक्रमण के अभियोग में कैद करवा दूंगा!"

मैंने आत्म–नियंत्रण बनाए रखा और दरवाजा खोल दिया, फिर उनको अँधेरे में अदृश्य होते देखा।

"उस समय मैंने अचानक ऐसा महसूस किया कि मैं अभी–अभी अनाथ हो गया था, त्याग दिया गया था और गंदे नाले में फेंक दिया गया था। गुस्से, घृण ाा और निराशा से भरी भयानक उदासी ने मुझे घेर लिया था। मैंने अपने सारे शरीर में भावनाओं का जमघट, न्याय की उभरती लहर, सचाई, मान, तिरस्कार, प्यार को अनुभव किया। मैंने उनको पकड़ने के लिए सीन नदी के किनारे की तरफ दौड़ना शुरू कर दिया क्योंकि चेटोन स्टेशन पर पहुँचने के लिए वे वही रास्ता अपनाया करते थे।

"मैंने बहुत पहले ही उन्हें पकड़ लिया। रात गहरी अँधेरी हो गई थी। मैं घास पर चुपके–चुपके दौड़ने लगा ताकि वो मेरी आहट न सुन सकें। मेरी माँ अभी भी रो रही थी, मेरा पिता कह रहा था, " 'यह तुम्हारी अपनी गलती है, उससे मिलने के लिए क्यों जोर देती थी? हमारा यह पागलपन था। हम बिना उसे बताए चोरी–चोरी उसपर दया दिखा सकते थे, यह देखते हुए कि हम उसे पहचान नहीं रहे।'

"फिर मैंने अपने आपको उनके रास्ते में प्रार्थी की तरह बिछा दिया।

'''स्पष्ट रूप से आप मेरे माता–पिता हैं,' मैं हकलाया 'आप एक बार मेरा बहिष्कार कर चुके हो, क्या दोबारा मुझे स्वीकार नहीं करोगे?'

''इस पर, न्यायाधीश महोदय, उसने मेरी तरफ हाथ उठाया। मैं अपने मान, अपने कानून तथा अपनी सरकार की कसम खाकर कहता हूँ, उसने मुझे चोट पहुँचाई और मैंने उसे कोट के कॉलर से दबोचा। उसने अपनी जेब से पिस्तौल निकाली। मैंने लाल रंग देखा, मुझे मालूम नहीं कि मैंने क्या किया। मेरी जेब में केलीपर्स थे, मैंने उन्हें घुसा दिया, अपनी सारी शक्ति के साथ।

''फिर औरत शोर मचाने लगीकृ'मदद, हत्या' और मेरी दाढ़ी नोचने लगी। जाहिर है कि मैंने उसे भी मार डाला। मैं कैसे जान सकता हूँ कि उस क्षण मैंने क्या किया?

''जब मैंने दोनों को भूमि पर लेटे देखा, मैंने बिना सोचे, उनको सीन नदी में फेंक दिया।

''बस, इतना ही, अब मेरा न्याय कीजिए।''

अभियुक्त पुनः बैठ गया। इस रहस्योद्घाटन के पश्चात् अभियोग को अगले सत्र तक मुल्तवी कर दिया गया। यह जल्दी ही दोबारा सामने आएगा। यदि आप और मैं, जूरी होते तो इस पितृहत्या के मामले में क्या करते?